狂気のススメ

常識を打ち破る　吉田松陰の教え

大杉　学

SOGO HOREI PUBLISHING Co., LTD

まえがき

現状を打破するには、大きなエネルギーが必要である。

従来からの常識に凝り固まったものを変えていくとき、また、人生で八方塞がりになり、自らの殻を打ち破って状況を切り拓いていかなくてはならなくなったとき、爆発するようなエネルギーが欲しい。

そんなエネルギーを出すためには、狂気のような自分の情熱の高まりが必要となる。

まさに狂気のような情熱をもって人生を生き抜いた吉田松陰を、私は師として生きてきた。

人生の困難にぶつかったとき、「もう、これまでか」とあきらめそうになったとき、松陰の教えに立ち返り、自分の生きる力としてきた。

どんなに落ち込んでいるときでも、松陰の教えに触れると、不思議とエネルギーが湧いてきて、新たな一歩を踏み出す元気を与えられる気がした。

吉田松陰は、自分でも持て余すほどの情熱で、人から見ると狂っているとしか思えないことを語り、実際に行動に移してきた。

例えば、ペリーが黒船で日本に来たとき、松陰は、日本は外国の文化、技術を学び取り入れなければ必ず侵略され、植民地化されると見た。だから日本を救うため渡航を願い出た。

当時の世の中の常識は、攘夷《じょうい》（外国を打ち払うこと）であり、ましてやアメリカ渡航は国法に反し、見つかれば死刑は間違いないのにもかかわらずである。

これこそ狂気といわずして何と呼ぼう。

それ以来、死ぬまで狂気のままに（松陰自身は、それが正しい道と信じていたが）、突っ走った。

吉田松陰は、実際に、「諸君、狂いたまえ」といったとされるが、この松陰の狂気のススメは、正しいことを貫くため、自分を本当に変えて、世に生かすため、事を成すため、人生の困難を乗り越えていくためのものである。

ひ弱に精神を参らせて狂ってしまうことや、すねて狂うことではない。

そして、松陰に学んだり、つき合ったりした人は皆、その熱い心、「狂気のススメ」に溶かされてしまったように変わっていった。それぞれの持つ才能を生かして、世の中を、国を変えようとしていったのだ。

また、そういう松陰と同時代に生きた人々のみならず、私のような後世の人間の生き方にも、多大なる影響を与えている。

本書では、私が特にご紹介したい松陰の教えを選び、現代語訳し、解説をした。

私が生きる力としてきたものを、皆さんと是非共有したいと思っている。

今、私たちが時代の転換点にいることは間違いない。

今こそ、松陰に学んで、自らの殻を突き破り、才能を発揮できる自分をつくり上げていきたい。

そうすれば、自分のやりたいことが実現でき、真に世の中に役立つ人となれるはずだからである。

大杉学

吉田《よしだ》 松陰《しょういん》

思想家、教育者、兵学者
松下村塾を主宰し、明治維新の指導者となる
人材を数多く教え育てたことで知られる

1830年、長州藩の下級武士、杉百合之助の二男として萩の松本村に生まれる。

６歳のとき、叔父の吉田家の養子となる。そして、もう一人の叔父、玉木文之進によって勉学を厳しく叩き込まれ、10歳のとき、藩校「明倫館」の教壇に立ち、翌年には、わずか11歳にして、藩主毛利敬親の前で講義をするまでになる。

全国各地を旅して見聞を広め、江戸では思想家で兵学者の佐久間象山らに学んだ。

外国を自分の目で見たいと考え、浦賀に停泊中の黒船で金子重輔と外国への密航を図るが失敗。自首し、江戸から萩の野山獄へ送られる。

その後、生家で預かりの身となるが、叔父の玉木文之進が開いていた私塾・松下村塾を引き受けて主宰者となる。

塾生には「読書だけではだめだ。実行が大事だ」と説き、個性を重んじ、一方的に教えるのではなく議論しながら共に学んだ。

そして、高杉晋作をはじめ、久坂玄瑞、伊藤博文、山縣有朋、吉田稔麿、前原一誠といった明治維新の志士たちを数多く輩出した。

幕府が朝廷の許しを得ずに日米修好通商条約に調印すると、これを厳しく批判。

安政の大獄が始まる中、過激な言動を恐れた藩は、松陰を再び野山獄に収容する。

1859年、幕府の命により、萩から江戸へ送られた松陰は、老中暗殺計画を自供して自らの思想を語り、同年、江戸伝馬町の獄において斬首刑に処される。

享年30（29歳没）。

志ある大衆の人々が立ち上がって日本を変えるべきだという松陰の「草莽崛起（そうもうくっき）」の志は、塾生らに受け継がれ、討幕へ、明治維新へと、時代を大きく動かしていくことになった。

狂気のススメ　目次

第1章　志気

第2章 勇気

第3章 熱気

第4章 侠気

ブックデザイン　土屋和泉

吉田松陰、狂気列伝 その1

脱 藩

1852年、友人である宮部鼎蔵らと東北旅行を計画するが、運悪く藩主が江戸不在で、手形を得ることが出来なかった。

しかし、出発日の約束を守るため(友との約束を破るという不誠実は、藩の名誉も傷つけるとして)、長州藩からの過書手形(通行手形)の発行を待たず脱藩。

江戸に帰着後、罪に問われて士籍剥奪・世禄没収の処分を受けた。

第1章
志気
Morale

心を尽くす

心を尽くすとは、心一杯のことを行い尽くすということだ。
ほとんどの人は、心を尽くしてやることはないから、
自分の心、自分の力がどこまであるかはよく知らない。
だから思いついた日からすぐに始め、
一日一日と狂ったように目一杯やってみようではないか。

解説

人にはすごい力がある。

だが、誰も自分の本当の力はわからない。なぜなら目一杯やったことがないからだ。

だから吉田松陰は、狂うほどの情熱を持ち、それを素直に表現し、心を尽くしてみないかという。一日それをやってみれば、**「自分にはこんなにすごい力があって、信じられないくらいのことをやってのけられた。だったらそれをもう一日やってみよう」**と思えてくる。こうして一〇〇日、一〇〇〇日とやっていると、自分の本当の力が見えてくるのだ。そして大抵のことは何でもできるようになる。

「諸君、狂いたまえ」というのは、そういうことだ。

本当に気違いになれというのではない。

自分を目一杯に信じ、情熱を溢れさせ、心と力を尽くしてやってみようではないかという自己変革のすすめであり、本当の自己実現のすすめである。

志がしっかり立てられれば、できないことなど何もない

生きる道が正しいかどうか、仕事や勉強の業績が上がるかどうかは、志がきちんと立っているかどうかによる。

だから立派な人物というのは、必ず志を立てる。

この志があれば、気もこれに従うものだ。

この志気があれば、どんなに遠かろうと、そして難しかろうと、できないことなどないのである。

解説

論語の中に、「庭桜の花がひらひらと舞っている。それを見てあなたが恋しいとは思うけれど、あまりに家が遠すぎて」という古い詩がある。

孔子はこの詩を口ずさんで、そしていった。「遠すぎて会えないというのは本当の思いがないからだ。本当の思いがあれば遠くても会えるものだ」と。

ここで孔子がいいたかったのは、何事も、やろうと思えばできるのであるということだ。それを、どう思い込むかということである。

つまり、吉田松陰の説明を借りると、**志をいかに立てるか。そしてその志に率いられてやる気をいかに出すかにかかっているのだ。**

この志気さえしっかり立てられれば、どんなに難しいことでも、不可能なことはなくなるという。

松陰のいう志とは、いかにして自分を成長させ、この世に、日本に、役立つ人間になるかということである。

03
MORALE

志は大きく持て

大きな人物になろうという人が、
書を読んで人としての正しい道を学んでいくにおいては、
その志は大きな心を持って、小さなことにこだわらないで、
俗世間のつまらないことを越えて、立てるべきである。
コセコセとして、
何の役にも立たないような人生目標ではいけないというべきだ。

解説

私は、この文章を読むと『武士道』を書いて世界的にもよく知られた、国際人で教育家の新渡戸稲造のことを思い出す。

新渡戸は盛岡、南部藩の家老の家の子であった。南部藩は幕府側について戦って敗れたいわゆる朝敵である。そのため、親やまわりの者に、「薩長政府を見返すのだ」といわれ、東京に出て、英語を学んだ。

しかし札幌農学校に進むと、クラーク博士の有名な「少年よ大志を抱け」の言葉に従うかのように、薩長政府を見返すのではなく、「われ太平洋の架け橋とならん」と日本と米国の間を取り持つ人間になろうと志を立てた。

この**大きな志を持つことで、新渡戸稲造は大人物となり、米国だけでなく世界を相手にしながら、日本のためにその一生を費やした。**もし新渡戸が、単に日本国内での派閥争いに勝って出世することを志としたら、こんな大人物とはならなかっただろう。吉田松陰のこの教えはやはり偉大である。

04
MORALE

よいものを見たら感じる人が、必ず伸びていく

志がしっかりとしていて成長する人は、
よいものを見たら必ず何かを強く感じるものだ。

解説

松下幸之助は、素直になれば、感じる人になれるといった。この、感じる人でないと、これから先のこともよくしていくことができないことになる。だから感じる心、感受性を持たなくてはいけないというのだ。

吉田松陰は、この、感じる人になるためには、志をしっかりと立てろという。確かに志の定まらない人は、よいものを見ようと何を見ようと、感じること、気づくこともあまりないだろう。

こうしてみると、志を正しくしっかりと持った上で、素直な心を身に付けていくと、感じまくるすごい人になるといえる。

この、**①志ある人かどうか、②素直な心がある人かどうか、**を基準にすれば、伸びていく人かどうかが、ほぼわかることになる。

逆に、わが生き方としては、この二つを持てば将来の展望は明るいことになるのは間違いないことになる。

05
MORALE

もとは皆同じ人間である。努力、向上するかどうかで変わってくる

自分を、くだらない人間と同じではないと決めるのは間違っている。
くだらない人間と同じようになりたくないと努力するのはよい。
そうすることで、うぬぼれ、傲慢から離れ、
自分を奮い立たせて前向きにしていくこととなるのだ。

解説

よく人は、自分をその辺にいる者と違うんだ、オレはできるんだと思いがちである。

だが、思うだけでは、結局、その辺にいると思い込んでいる、つまらない人間と同じになるだけだ。

人は皆同じように才能がある。ただその才能を見出し伸ばしていくには、自分を奮い立たせて前向きにし、努力していくようにしなければならない。

そうなればしめたもの。

その辺にいるくだらない人間とは違う人間として、成長していくことになる。やるか、やらないかの差だけと吉田松陰は見た。実際、松陰に教わった人は、皆がそれぞれの才能を伸ばしてすごいことをやる人間となった。その辺のくだらない人がである。

例えば、何もなければ、ただのスケベな田舎オヤジになっていたであろう伊藤博文が、日本近代化の父として日本の憲政の道を開いたようにである。

自ら進んでやらないと人格修養はできない

自ら進んで人格修養に努めなさい。
のんびりとした無駄な時間を、決して過ごしてはならない。

解説

若いときは貴重だ。だから、時間を惜しんで学ばなければならない。

特に一〇代、二〇代にボーっとしていては、一生うだつのあがらない人になってしまう。

例えば、山縣有朋は明治の陸軍トップとして権勢を振るっていた。

彼を俗な、ただ権力欲が強い人間と見る人は多い。

しかし、若いころ、このままじゃいかんと吉田松陰の塾に行き、身分は低くても人格修養をして、ひとかどの人間になろうとした。自らを山懸狂介と名乗ったときもあった。

松陰の死後、松下村塾の大兄貴分高杉晋作に従い、奇兵隊のリーダーとなったことで彼の人生は決まった。

このように、松陰に学び、その教えを守る人々に従うという自らの選択があったからこその人生なのだ。全く何もしない人に実りある人生はやってこない。

すべては、自分から進んで学び、人間としての向上を図っていくのだと決意するところから始まるのだ。

志、目標に集中せよ

志や人生の目標を実現していくためには、
それに集中することが大切であり、
そうしないと勉強も仕事も勢い盛んとならないためうまくいかない。

人の能力にそんなに差があるものではない。集中できるかどうかで、差が出てくるのだ。

集中すると力がつく。力がつくと面白くなる。もっと上を目指さなくてはならないという気持ちになる。

例えば、プロ野球を見てみよう。プロ野球選手はその面に関して才能のある人ばかりである。しかし、その中でレギュラーをとり、一流となれる人は数少ない。

その人たちは朝から晩まで野球に集中して努力し、練習している。データを調べ、食事、栄養に気を配る。そして基礎練習をくり返し、野球以外のことはまずほとんどやらない。

体を休めたり、本を読んだり、ゲームをしたりするが、その中でも野球に役立つことを考えられる人が一流選手となっていく。これは他の仕事でも全く同じだ。

吉田松陰のここでの教えからは、次の二つのことが学べる。

一つ目は、人に才能の差はなく、あるのは何に向いているかということ。

二つ目は、向いている面で志を立て、それに集中するべきだということだ。

08
MORALE

最初の動機が大切である

人は最初の動機、つまり何のためにするのかを、しっかりしておかないといけない。

解説

最初の動機、何のためにするのかを間違えて、いいかげんなことを始めると、人生取り返しのつかないことになる。あるいはかなりの遠回りとなり、もったいないことになる。

特に若いとき、青春のときは貴重だ。大きく伸びるときだ。このときに間違った動機で誤った方向に向かって進んでしまうと、後でなかなか挽回できなくなってしまう。

志を持つのは何歳になっても遅いということはないが、どうせ努力するのであったら、若いときから正しい考え方、正しい方向でやったほうがいい。ものによっては遅きに失することもあるからだ。

例えば戦後教育にどっぷりつかった私は、何と三〇歳過ぎまで、反日教育通りの方向で勉強し、実践していた。後にその間違いに気づいたとき、「私の青春は何だったのか」と後悔することになってしまった。

また、例えば英語を学ぶとき、ただ資格をとるためなのか、その先にある大きな仕事をするためなのかで、その後の人生は全く違うものになってくるのだ。

09
MORALE

自分の中に宝物がある

人間は、貴き物すなわち本当の宝を自分の中に持って生まれてくる。
そのことをよく知ることが大切なのだ。

解説

いわゆる中国古典、特に孟子の中で、人は善性を持って生まれてくるという性善説が説かれている。しかし、それを本当に信じて実践し、この世にそれが正しいと証明したのは吉田松陰しかいないのではないか。

孔子、孟子の生まれた中国には、そんな事例はないし、全く反対のような現実社会ができてしまっている。いかにこの松陰の人生が奇跡的だったのかがよくわかる。

この松陰の教えを、単なる理想上の言葉ということにせず、それを手本に、実践していくことが今の私たち日本人の一つの使命であろう。

松陰はどんな人でも、たとえ牢獄にいる囚人であろうと、それぞれに生まれ持った宝物のような才能があるとし、本当にそれを引き出してやり、世の中に役立てていった。

相手が子どもでも、何歳も年上の世をひがんだおじさん、おばさんでも変わることなく接し、その人たちを変えていった。こんな勇気のあることはない。それは**「人にはみんな生まれ持ってきた財産がある」**という、強い信念があってこそできたことなのではないか。

10
MORALE

目を輝かせよ。何かに挑戦し、やり遂げる目をしろ

人の精神は目に表れる。だから人は目でわかる。
だったら何かをやり遂げる目をしようではないか。

解説

人を見る方法にはいくつかのものがある。吉田松陰は、過ちの仕方や、目を見て人物を測るという。

「葉隠」の中で、目を見ることで人はわかるとして、何百種類もの目の絵を集めて、それをもとに人物鑑定をしたという武将のことが紹介されている。それほどに、目は物をいう。

逆に、**何事か必ずやってみせるぞという強い信念と実行力をつける一つの方法は、目を輝かせ、必ずやってやるという目をすることだ。**

アメリカのある研究グループの調査では、前向きなしぐさは、その精神を前向きにするとしているが、これも目を輝かせることの効果を証明するものである。

吉田松陰は、身なりなどは全くかまわない人であったが、その目と言葉は、火の出るような情熱を宿していた。だから牢獄に入ったその日のうちに、鬼のような当時の獄吏も、先輩格の囚人も、松陰を見、松陰の話を聞いてすぐに涙を流して頭を垂れたという。

狂気の人の目は、やる気と実行力の目なのである。

11
MORALE

正しく利益を稼ぎ蓄えておくことと、徳を積むことが大事

利益を正しく得て蓄えておくと、農作物のとれない凶作のときでも、
何とか生きていくことができるし、
多くの人を救って死なないようにすることもできる。
これは、徳を正しく修めていくことで、
人々の心が乱れてしまったときに、正しい道を歩むことができ、
人々の心にもよい影響を与えていくことができることと同じである。
どちらも大切なことである。

解説

吉田松陰は松下村塾で、当時の武士の教育においては避けることの多かった、数学や経済のことも教えた。それは、正しく利益を生んで人々の生活を安定させることの大事さがわかっていたからだ。

企業や商人が正しく事業を行い、利を出しそれを蓄えることで世の中が回る。これは大きな貢献である。二宮尊徳も勤勉に働き、計画性を持って目的をしっかり守って日々働き、節約し、貯蓄することが大切であると指導した。だから尊徳の指導したところでは、飢餓のときも、人々は無事であった。

この松陰や尊徳の教え、つまり勤勉に働き、徳を修めていくことは、明治になってからの日本の資本主義発展の大きな指導原理となった。この考え方なくして日本の発展はない。

今でもこの二つの原理はとても重要なものである。つまり**勤勉に働いて利益を蓄え、徳を積んでいくことが、人類を幸せにし、安定させていく原理なのだ。**世界も早くこのことに気づき、学んでいかなければならない。

12
MORALE

小さくまとまるな

あなたの生き方や学んでおられることは、間違っていないと思う。
ただ、安易な気持ちで、つまらないこと、
道理から見てはずれたことに手を出したり、なじんだりして、
小さくまとまるような人物になってしまわないように、
気をつけてほしいのだ。

解説

「小さくまとまる」とは、どういうことをいうのだろうか。

吉田松陰の考え方からすると、時代を動かしたり、世の中に大いに役立つことをする人が大きな人物で、ちょっとしたことで利益を出して喜んだり、人に気に入られて平穏無事な人生を送るような人のことを、小さくまとまる人間というのだろう。

それも悪いとはいえないが、どうせならもっと大きく世の中に役立ってほしいというのが松陰なのである。

そのためには、少々嫌われようが、ちょっとあの人は狂っているのではないかといわれようが、真っすぐに自分の志に正直に生きてほしいと願う。

大器晩成ともいうが、これは何もしないのではなく、ただ自分の考えた正しい道を、わき目も振らず、ひたすら進む人のことをいう。

こういう人は、初志を貫徹し、事を成し遂げる大きな人物となっていくのだと松陰は考えた。

13
MORALE

自ら悲観し、あきらめてはいけない

志ある立派な人物になろうという者は、全身全霊で打ち込んで、
今やるべきことに全力を尽くさなければならない。
いたずらに自分たちを悲観し、
あきらめるようなことがあってはいけない。

解説

何事かを成し遂げる人は、自分からあきらめるということはしない。

もちろんいろいろな障害があるが、それを乗り越えていく。時には自分の力ではどうしようもないことが起こり、いったんは止まらなければならないこともある。しかし、これは自分から悲観してあきらめるということではない。

例えば吉田松陰は、下田から出るアメリカ行きの船に乗り（密航して）、アメリカで学び、それを日本に持って帰ろうとしたが、鎖国の法が厳しく実現できなかった。その前は長崎に行ってロシアの船に乗ろうとしたが、すでに出航していた。

この松陰のあきらめない思いを受け継いだ高杉晋作が上海に行き、伊藤博文がイギリスに行った。そして外国を見聞したことが、倒幕、明治維新、文明開化という新しい時代を創っていく動きにつながっていったのだ。

松陰のあきらめない思いが、弟子たちによって実現されていったのである。

14
MORALE

旅をして気を養う

だいたい、心ある立派な人物になり、事を成そうとするためには、
志気を高めているかどうかだけが大切なのだ。
志を大きく立てるためには、
特に優れた、めったに会えないような人に会い、
気を養うためには有名な山や川、大地を旅することである。

解説

ここでの吉田松陰の言葉を実践するにおいては、前提が二つある。**一つは、前述した「感じる心」を持つということで、もう一つは、普段から勉強し、物をよく考えているということだ。**

以上を前提にして、物事を成すためには志を大きく持って、気をしっかりさせることが必要である。

この志気がしっかり定まると、この世に実現できないものなどないというのが松陰の見方である。これは孟子も、松陰より前に活躍した幕府の大儒者、佐藤一斎も、同じ趣旨のことを述べている。

松陰がユニークなのは、「具体的にこうすれば志気も高くなる」と教えていることだ。これは自らの体験から導き出しているのであろう。

志を高くするには、特に優れてめったに会えないような人物に会うことをすすめ、気を高くしっかりと張るためには、旅に出て有名な歴史上の史蹟や有名な土地、川、山などを見て歩けという。

15
MORALE

本当の勉強、学問は自分を磨くためにする

およそ勉強、学問をすることの要は、自分を磨くためである。
すなわち自分のためにするのだ。これが君子の勉強、学問だ。
これに対し、人に認められよう、出世のためにしようとする勉強、
学問は本物の勉強、学問とはいえない。
すなわち、つまらない小人の勉強、学問だ。

解説

吉田松陰は、勉強、学問というのは、本来、自分の志気を高めていくためにすると考える。

これに対し、人に認められるためや出世のためにする学問というのは、小人の勉強、学問であって、本来のものではないことになる。

そうすると、「受験や資格をとるための勉強は、だめなのか」との疑問も出よう。松陰の考えの趣旨からすると、それは確かに本当の勉強、学問とはいえないかもしれない。

しかし、その受験や資格をとるための勉強が、より自分を高めていくためのものであると認識し、続けて向上させていくことで、本来の勉強、学問になっていくと見ることができるのだ。

つまり、**どんな勉強や学問も、とらえ方次第で本物となっていくのだ。**受験や資格をとることだけで終わることなく、さらに自分を磨き続ける勉強、学問にしていけばよいのである。

16
MORALE

重視すべきは実践である

立派な人になろうという者が重視するのは、実際に身に付けた徳であって、持って生まれた才能そのものではない。実際の行動であり、実践である。役に立たない学問ではない。

解説

論語の中には、孔子の言葉として次のようなものがある。

「馬というのは、持って生まれた脚力があるから名馬と誉められるのではなく、その調教、学習によって得た名馬としての徳を誉められるのである」

つまり、「才能の有無ではなく、努力によって役に立つ実践力を身に付けていることが重要なのだ」ということだ。

吉田松陰も同じ趣旨のことを述べている。

松陰がすごいのは、自ら実践して、教育の場でその正しさを実際に証明していくことである。

身分差というものがあった時代に、はなからその目に身分は映らない。何をなす人であるかが重要であって、その人の才能を引き出して実践させていくことに関心があったのだ。

また、**人によって才能の発揮の仕方が違うのをよく理解し、人ごとに教え方を変えた。**

枠にはまらない高杉晋作には、のびのびとゆっくり大器を伸ばせといった。高杉はのびのびと好きなことをやって、大仕事を次々と実践した。

友も大事だが、大きな目的はさらに重要である

例えば、世の中の動静をどうするかなど、
いわゆる国事のことなどは極めて重要なことである。
こうした大事に貢献しないのであれば、
友達を得たとしても喜ぶことのほどではない。
また、友達を失ったとしても、嘆くゆとりなどない。
大きな目的、仕事を、決して忘れてはいけない。

解説

友達、仲間は重要である。

吉田松陰は、**「徳を身に付け、才能を伸ばし役に立つ人材になるのは、師と友によってなされる」**ともいう。

だから師や友というのは、**「じっくり選べ、誰とでもつき合うな」**という。

こうしてみると、松陰がいいたいのは、友達や仲間ありきではなく、まず自分が何をやるのかということをしっかりとさせ、それに邁進することが大切であるということである。

その中で、貴重で素晴らしい、あなたに必要な友人、師といったものも現れてくるはずだということになる。

目の前にいる人が真の友人かもしれないし、そうでないかもしれない。

友人ができた、ケンカして別れたとあまり大げさに考えるより、自分の目的遂行に打ち込んでいくほうが、結果的に、より自分にとってかけがえのない友人、仲間ができてくるということであろう。

一回の失敗なんて吹き飛ばしてしまえ

君は、鋭気を蓄え、志を養って、
一回失敗したからといって挫折なんてしてはいけないのだ。
失敗なんて吹き飛ばしてしまえ。

解説

人は誰でも失敗する。

吉田松陰の人生を見よ。失敗だらけではないか。

だが、**失敗するたびに、元気をさらに出し、志はさらに強まり、向かうところ敵なしの人になっていった。**

ちょっと恐いくらいの、狂気のあるような、熱い思いで一杯の人間になっていった。

そんな松陰の父親がまたすごい。

松陰の何度目かの牢獄入りが決まり、もう帰れないかもしれないというときでも、「牢獄に入るのは挫折でも何でもない。またお前が大きく飛躍するために、ちょっとかがんだようなものだ」と笑って励ましたというのだ。

もちろん松陰はくじけない。

ますます鋭気を蓄えて、志を養って、やってやるぞと燃えるのであった。

こんな狂気あふれんばかりの男だからこそ、人は、この人ならば何とかなるとついていったし、本当に国を変えていったのだ。

19

MORALE

失敗の一つや二つ、気にしないでいい。大きく構えよ

あなたはまだ若く、才能にもめぐまれている。
だから志さえ失わなければ、何事もできないことなどない。
もしも、一つや二つ失敗したとしても、
それくらいでくじけてはいけない。
昔の英雄を見てみればわかるように、
難しいこと、困難なことが大きいほど、
大きな仕事を成し遂げられるようになるのだ。
大きく構えてやり遂げよ。

解説

これは、吉田松陰が二一歳のとき、友人へ送った励ましの文だ。

二一歳の松陰に、「若いあなた」と呼ばれているのだから、相手は一〇代だったのかもしれない。

そして、ついでに自分を励ましているのかもしれない。

松陰は、**志や目的をしっかり持って自分を鍛えれば、誰だってその才能が向いたところで力を発揮できる、事を成していけると見た。**

松陰は心の底からそう信じていて、そんな松陰に励まされた人は皆、自分の才能を発揮していった。これこそ奇跡の教育といわれるゆえんである。

ここでも述べているように、目の前の困難や障害が大きければ大きいほど、その人の力も大きくなるという。

だから、できないことなどなく、あとは自分の覚悟の程だけとなる。

この松陰の言葉をいつも唱えれば、本当にできないことなどないと思えてくる。

20
MORALE

小さな失敗は気にしないで、小さなことでも全力を尽くす

大きな仕事をやり遂げるには、
小さな失敗があっても気にせず、前に進むべきだが、
小さな傷から大きな害を招くこともよくある。
だから小さなことでも全力を尽くしてやるのがよい。

解説

小さいことの積み重ねが大きなことにつながる。

これを忘れずにいたい。

だから小さな失敗があったときは、真剣に反省して次に失敗しないようにすればいい。小さな失敗をもって大騒ぎする人もいるが、よく反省はしても、大騒ぎすることはない。

ただ、小さなことだろうといって手を抜くことはいけない。全力でやるようにしたい。小さな傷が大きなことにつながることはよくあることである。

例えば、前の戦争で、在米大使館員が同僚の送別会へ出ていたために、宣戦布告文の提出を大きく遅らせてしまった。このため日本は卑怯であるといわれてしまうことになった。

日本の暗号が知られていたとか、アメリカも宣戦布告はほとんどしたことがなく、国際法として成立していないなどというのは、言い訳にもならない（外交戦略として）。このように、小さなミスにつけ込まれ、大ごとになってしまうのはよくあることだ。

どんなに小さく見えることでも、全力でかかることを肝に銘じておかなければならない。この癖が、大きなことも難なくやれることにつながるといえるのだ。

21
MORALE

先人の魂に応えるために生きると誓えば、怖いものはない

どうして天照大神に霊魂がないであろうか。同じく歴代藩主もである。
私に誠が足りないために、それら霊魂は私に試練を与え、
私の思いを挫《くじ》いたりしているのだろうか。
天下に誰一人私を信じる者がいなくても、
これら霊魂にさえ見守られ、
それに応えるため生きていけば怖いものなどありはしない。

解説

霊魂があるかどうかは、科学的に証明はされていない。しかし、霊魂は必ずあって、それこそが本質であることは、洋の東西を問わず、通説となっている（中国は除く）。

オグ・マンディーノのベストセラー『十二番目の天使』での、「霊魂こそ人間の本質」であると、病気で死んでいく少年に語る主人公の話は感動的であった。

霊魂は残っていくものだという考えは、私たちに、勇気と、正しいことをやり続ける情熱を与えてくれる。

吉田松陰は霊魂の存在を心から信じ、それに応えるために、自分は行動するとした。だから何も恐いものはなかった。

そして自分がもし死んでも、霊魂で必ずこの日本を守ってみせるといった。

念のためいえば、怪しい新興宗教が語る霊魂は、松陰の考える「公のために生きていくための霊魂」とは全く違うものである。多くは、自分たちの利益、教祖と称する者の私欲を満たすことにつながる〝霊魂〟を語る。そんなことは本物の霊魂が許さないだろう。

第1章 志気 第2章 勇気 第3章 熱気 第4章 侠気

22
MORALE

何度でも、成功するまでやってやるのだ

龍は、時を得れば天まで勢いよく駆けのぼり、
時を得なければ蛇となって地に伏して、屈するという。
しかし、私は、何度地に伏し、屈しようとも、
必ず龍となって天に駆けのぼってみせよう。

解説

吉田松陰というのは決してめげない人である。

何度挫折しようとも、それは自分をさらに強くするための試練、いやチャンスの時が来ようとしているのだと見た。

こんな強い人もいない。その強さは、使命感から来るのではなかろうか。

「自分がやらねば誰がやる。だから、うまくいくまでやめてなるものか」という、強烈な使命感である。

日本を背負い、自分が必ず変えてやるという松陰ほどの使命感ではないにしても、大きな事業を成し遂げる人というのは、大なり小なりの使命感があり、事を成し遂げるまではあきらめない。

例えば、使命感に燃えた事業家として有名なのは、松下幸之助と本田宗一郎である。二人とも、自分には失敗などないと考えた。なぜなら成功するまでやめないからだと述べている。

自分は成功するまで何度でも挑戦してやると決意したとき、あなたも大成功者となれるのは間違いない。

23
MORALE

学問、勉強は一生続ける

真の才能も気迫も学問から生まれてくる。

博識で優れた人物というのも、勤勉に励むことで生まれる。

一〇軒くらいの小さな村でも、孔子のような誠実で正直な人は一人くらいいるが、孔子のような学問好きは、なかなかいないと論語にあるように、
ずっと学問好き、勉強好きであることは難しい。

しかし、学び、勉強に励み続けないと、年をとるにつれて、人生は悲しくなっていくものであることを知るべきだ。

解説

学問と勉強を好んだ孔子が、自分の一生について語った、論語の中の有名な文章がある。

「私は一五歳で学問を志し、三〇歳で独り立ちする自信を得、四〇歳であれこれと迷わなくなった。五〇歳で天命がわかり、六〇歳で何を聞いても腹を立てず素直に聞けるようになり、七〇歳で何をやっても道をはずさなくなった」というものである。孔子は八〇歳近くまで生きた。

一方、江戸時代を代表する儒学者であった佐藤一斎は、次のように学問、勉強の重要性を説いている。**「少年の時に学んでおけば、壮年になってもよい仕事ができるようになる。壮年の時に学べば、老年になっても実力が衰えずさらに重要な人物となる。老年になって学べば、ますます人のために役立ち、死んでもその名と魂は朽ちない」**。佐藤一斎も長命で八〇代後半まで生きている。

吉田松陰がこの文章を書いたのが二〇代初めで、死んだのは三〇歳。短い人生であったが、孔子や佐藤一斎に劣らないほどに学問、勉強に精を出し、その名と魂は日本に永遠に残るものとなった。生きている限り松陰のように勉強せずにいられるものかと思う。

24
MORALE

国は人次第

国における人というのは、水の水源、木の根っこである。
これがなければ水は枯れ、木も枯れる。
人がだめになれば、国は滅亡していく。

解説

あれほど栄えたローマが滅亡したのは、ローマの人々が向上心というか覇気をなくし、退廃したからだという。

栄えれば衰退するというのは、世の習い、道理である。なぜなら、盛んになると人は必ず努力することを忘れ、緊張感をなくしてしまうからである。

トインビーは、他文明の挑戦に対して応戦しなくなった文明は滅びるのが人間の歴史から証明されるというが、同じ趣旨だろう。

だから危機感、精神の緊張感が国民に必要なのである。民族の神話教育が必要な理由もそこにある。トインビーは、神話教育を忘れた民族は滅びるともいっている。

国の大本は国民であり、国は、その国民はどのようにして生まれ、何を大事に生きていくべきかを伝えていかねばならない。

そのことを吉田松陰は説いて、実践した。松陰に教わった者は皆、民族、国家のために誇りを持って体を張った。そして自分の人生を最高に生きたのだ。

25
MORALE

本を読み、昔の偉人を、先生、友達としてつき合い学んでいこう

人たる者、古今に通じることがなく、
また昔の偉人を師としないようではいけない。
読書をし、その中の立派な人物を友として、
交わり学んでいくようにしないと、つまらない人物となる。

解説

吉田松陰は本を通じて真剣に昔の偉人たちと会話し、交わり、自分を省みている。

これこそ読書の醍醐味であろう。

松下村塾は山口県萩の山のふもとにある。本当に田舎の何もないところである。

しかし、その心意気はすごい。

松下村塾の壁に次のように書いてあったという。

「松下陋村といえども、誓って神国の幹とならん」

つまり、**松本村は田舎のひなびた村にすぎないけれども、必ず日本の幹のようになる、というのだ。**

また、松陰は次のようにもいった。

「天下の草木を生み出していく人は必ず私のもとから育っていく」と。

それを本当に実現していくことができたのは、松陰の教える読書法にも理由があった。

本当に孔子や孟子と語り、楠木正成や大石内蔵助と交友した。あるときはナポレオンと話し、豊臣秀吉、徳川家康と論争したこともあったろう。こんな読書、勉強をすれば私たちだってどんどん大きくなれるだろう。

一心不乱にやってみよう

人は一心不乱に物事に取り組めば、心乱れることはなく、
心配事もなくなる。
たとえお縄になろうと、牢屋に入れられようと、
首を切られようと怖くもない。
正しくやろうと思うことをやるだけとなる。

解説

やることを決めたら、ただひたすら一心不乱に打ち込むがよい、と吉田松陰はいう。

そうすれば余計なことを心配することもなく、取り越し苦労をすることもなく、自分の考えた正しいことをやるだけとなるのだというのだ。

これは萩の牢獄内からの妹千代への手紙の一文だが、この後すぐに江戸小伝馬町の牢獄への移送が決められている。

しかし、松陰は、何をも心配しない。

心配する妹千代に、自分の強い決意を示し心配するなという暖かい言葉を投げかけている。

たとえ死刑となったとしても、何のことがあるかというのである。

孔子や楠木正成は、死後何年もたっているのに今の人に影響を与え続けている。

自分もそのように勉強し、やるだけだ。かえって将来の日本のための礎となってやろうじゃないかという。その気迫はハンパじゃない。

一心不乱にここまでやると、どんなことも恐れなくなるのだという見本を示し、本当に日本の礎となって、永遠の偉人となった。

吉田松陰、狂気列伝 その2

密航（未遂）

1854年、ペリーが日米和親条約締結のために来航した際に、吉田松陰は、最初の弟子と言われる金子重輔と二人で、海岸につないであった漁民の小舟を盗んで旗艦ポーハタン号に漕ぎ寄せ、乗船した。

しかし、渡航は拒否された。

二人が船上にいる間に、二人の荷物を乗せたまま小舟は流された。

そのため、しかたなく、吉田松陰は幕府に自首した。

この、狂気的ではあるが知的向上心あふれる、松陰という若者の姿を見て、ペリーはアメリカ議会に、日本の未来は明るい（日本は手強い存在となる）と報告した。

第2章 勇気

Courage

27
COURAGE

勇気を持て

人は、勇気というものがないとすれば、
いくら思いやりの心や智恵が深くあろうとも、何の役にも立たない。
だから、勇気を持たなくてはならない。

解説

勇気を持つことは難しいとされる。

新渡戸稲造は『武士道』の中で、「勇気は義のために実践されなければ、人の徳のうちに数えられるに値するものではない」といっている。

つまり、勇気はよいものに使わないと、危険があるということになる。

だが、この見方に間違いはないにしても、そうするとほとんどの人が畏縮することも否定できないものがある。

本当に正しいかどうかなんて、後々までわからないことが多いからだ。

だから吉田松陰は、**自らが考えて正しいと思うことについては意地を張れというし、とにかく勇気を持てという。**

とにかく勇気を持てといっても、わかりにくいので、自分の思いや情熱を狂おしいほどに高めていき、それでもって勇気ほとばしる人になれという。

そうすることで、はじめて自分のやるべきこと、やりたいことは実現できるのだというのだ。

勇気、正しい狂気は、義すなわち正しい生き方から生まれる

成長し立派な人物になろうという人の生きる道は、
義すなわち正しい生き方をしようと決断していくことしかない。
その義すなわち正しい生き方は勇気によって行われ、
またその勇気というのは、
義すなわち正しい生き方をする人によって成長していくものである。

解説

「勇気は義のために実践されなければならない」との武士道の教えがある。勇気はその義によって成長していくものだと吉田松陰は述べる。

というのは、正しい道を進むためには、たくさんの障害を乗り越えなければならず、それにはどうしても勇気がいるからだ。

松陰のいう「狂気のススメ」とはそういうものだ。そのときだけの蛮勇のようなものではない。

普段から学び、考え抜いた、そして鍛え抜いた義の道（正しい道）をひたすら進もうというのが、松陰が説く「狂気のススメ」である。

この正しい道を進む勇気、ある種の狂気がある人によって事は成就し、世の中も変わり開けていく。

くれぐれも、間違った狂気を起こしてはならない。この間違った狂気は蛮勇であり世の中の迷惑でしかない。**正しい狂気は、正しい道をひたすら進もうとする日々の勉強と鍛練から生まれてくることを忘れないようにしたい。**

29
COURAGE

私は私の道を進む。君も君の道を進むのだ

君は君だ。私は私だ。人は何とでも言え。
自分の進むべき道を真っすぐに進むのだ。

解説

自分は何のために生まれてきたのか。

吉田松陰は、それは自分の人生を歩むためであると考えた。

だから人のいうことを気にして、自分の生き方や自分の道を変えているようでは何事もできない。誰の人生なのか、わからなくなるだろうと説く。

自分の道を真っすぐに進むことは、つらいことでもある。まわりの人、世間の人は、変な人、狂った人というだろう。

でもいいじゃないか。人にはいわせておけばいい。人も真剣に考えていっているわけではない。自分にやれないことをやろうとする人間をうらやましく思ったり、「あの人だったらこの世を変えてくれるかもしれない」と期待したりしているものだ。

だから**狂ったように自分の情熱を湧き立たせ、余計な雑音を吹き飛ばすぐらいの気構えが必要なのだ。**これはただの狂人ではない。自分の道を真っすぐに進むための情熱の発露の結果なのだ。狂ったかのように見える熱情なのだ。この狂気が事を成していく。自分だけでなくまわりを変えていくのだ。

世間の評判は気にせず、自分の正しいと思うことを真っすぐにやる

世間が人を褒めたりけなしたりする見方は、実態と違うことが多い。
それなのに、世間の評判を気にして、
表面的なことばかりを気にかけているようでは
本当に正しいことはできなくなる。
だから本当に成長する人というのは、
自分の正しいと思うことを真っすぐにやり、進むのである。

解説

真っすぐに進む人ほど事を成す。余計なことを考えないから集中でき、やることをやってひたすら実践するから、世間からは「この人は狂っている」と見えるかもしれない。

しかし、それだからいいのだ。世間の評価というのはズレていることが多い。大体、時代から遅れている。だから狂っているように見えるのだ。

吉田松陰は、やるべきと思ったらすぐやる人であった。しかし、世間はそんな松陰を狂っているとしか見なかった。

藩の軍学教授という地位が保障されていながら、友情のため、また、今見ておくべきことがあるのだという思いに駆られ脱藩をする。当時の脱藩は重罪であったが、それでも実行に移した。

ペリーの船で密航しようというのも、当時は国法に反する大罪であった。だが日本のためにこれしかないと思い、実行に移すのだ。

当時の人にとっては恐れおののくほどの狂人だったかもしれないが、今は多くの日本人が尊敬をしている。

本当に正しいことをやり続ける人というのは狂って見える。

第1章 志気
第2章 勇気
第3章 熱気
第4章 侠気

人生で大切なのは長さではなく、何を成したのかだ

私は今年三〇歳をもって人生を終わろうとしている。
まだ一つも事を成さないで死ぬのであれば、
穀物が成熟しなかったことのようであり惜しむべきなのかもしれない。
しかし、私自身の人生からすると、稲の穂が成熟し、
実りの時を迎えたのである。どうして悲しむことがあろうか。
なぜなら人の寿命にこうだという決まりはない。
むしろ、何をやってきたかが問題であり、
その意味で私はやるべきことをやってきたのである。

解説

吉田松陰は三〇歳で死刑に処せられた。

死刑が決まり、江戸、小伝馬町の牢で『留魂録《りゅうこんろく》』をしたためた。それは遺書であり、日本人への永遠の遺言として、今も人々の、日本人としての誇りを鼓舞し続けている。

その書き出しには「身はたとひ　武蔵の野辺に朽ちぬとも　留め置かまし　大和魂」とある。わが魂はずっと日本のために尽くすという。

事実、現在の総理大臣も前の政権党幹部の多くも、三〇歳で死んだ松陰を尊敬し、その教えを学んでいる。

松陰は、一日生きているなら、一日分の勉強と仕事をしろという。ただ生きて、何もせず食べて寝て遊ぶだけなら、生きている価値のない人生と考えた。もちろん人それぞれの生き方であるのかもしれないが、なるほど耳の痛い言葉だ。

今の日本は世界トップクラスの長寿国だ。しかし、人生はただ長ければいいのだろうか。松陰の人生を見ると、**やるべきことをやって生きなければならない**のではないかと考えさせられる。

心は公のものであり、皆つながり、そして永遠である

体は個人的なものである。心は公のものである。
私の体を使って公のために尽くす人を立派な人という。
公を使って、個人のために利用する人をつまらない小人という。

解説

少しわかりにくいが、**吉田松陰は元来、心や気、魂というものは公に属しているとみる。すべてはつながっていて、気が充実していくと、この世にさえぎるものはないという（いわゆる浩然の気）。そして世の中のために尽くした人の魂は公の魂だから永遠に残っていくという。また、死んでも、立派なことを考え、尽力した人の心は後世に伝わると考えた。**

一方、体自体は個人のものとみた。だから公のはずの心や気や魂を個人の体のために利用し、うまい汁を吸おうとする人は、死んだら何も残らず朽ちるものとなるのだ。

生きている間も、天や神は見ている。お天道様も見ているから、本当の幸せには遠いものとなる。

近時の心理学や成功法則で唱えられている潜在意識理論では、心の中が悪いものであっても、それが実現してしまうという。潜在意識というのはすべてこの世でつながっていて、刻印されたことは実現されるのだということだ。

吉田松陰の考える「心は公」のほうが、日本人の生まれついた国土と精神に合うように思う。

重要な問題は、日ごろから考えておこう

重要な問題は、日ごろ時間のあるときに、
じっくりとあれこれ議論して、よく考えておかなければならない。
問題が起きたときに、あわててもろくなことはない。

解説

これも吉田松陰が獄中で考えたことなので、松陰のアメリカ渡航計画は、突然考え出したものではないのであろう。

つまり日本を外国の侵略から守るためには、**外国の進んだ文化、文明、学問、技術を学んで取り入れて、日本らしいものとし、国力を蓄えなくてはいけない。**そうしないと真の独立は守られないと考えていたのである。

現在も、日本に外国が実際に侵攻してきてから、どうすればよいか考えればいいという人もいる。憲法第9条があるから大丈夫という人もいる。これらは、幕末、老中阿部正弘が、黒船危機をどう乗り越えるかの意見を広く日本国民に求めたときに出た、八百屋のおやじの意見と変わらない。

重要なことは、そのとき考えればよい、それまで目をつぶっておこうというところは、日本人にある欠点だが、そんなところは昔も今も変わらないことを示している。

それではいけないのではないかと、吉田松陰の教えは今も厳しく私たちに問うている。

本当の友、仲間にはいうべきことはいえ

およそ人と交際するにおいて大事なことは、相手に対し許せないこと、怒るようなことがあれば、ただちに遠慮なく、自分の信じるところをもって、指摘し、戒め、指導すべきである。

これが本当の友人、仲間とのあり方である。

解説

吉田松陰は遠慮などしない。思ったことをそのままいう。特に友人や仲間、そして教え子たちに真っすぐ忠告する。そして、その後は、その忠告で改めてくれれば青空のようにカラッとしているし、自分が誤っていたとしたら心からわびる。

友人、仲間となると、相手に気を使ってばかりで、空気を読んで、流されることが多い。これでは何のための友人、仲間かわからない。

松陰は、共に夢や目標に向かって進み、志を実現するための友人、仲間、弟子たちの存在を忘れてはいけないと考えた。

松陰は、血気にはやる真似はいけないと弟子たちに忠告することもあれば、逆にあるときは「先生、無謀な行動は今控えてくれ」という内容の、高杉晋作や桂小五郎たちの血判状が来たりもした。

松陰は、これで一時絶交だとしたが、やはりお互いに心情がわかると心から尊敬し合ってその志の実現に向かっている。

日本のために、事を成すために動こうとする人は、ただひたすら狂ったと見えるほどに前を向いて進む。すると必ず奇跡は起きるのだ。

意地を張れ

人間はどんな小さなことでも、
正しいか正しくないか、よいか悪いかなどについて、
わが信念を失ってはなるものかという意地を張る者でないと、
何をさせても大したことができず、
しっかりとしたこともやれることはない。

解説

人から見ると意地っ張りのような変人に見えるかもしれないが、自分が考えた正しいと思うことに意地を張らないような人間だと、大したことは何もできないだろう。

骨がない人というのは、人の意見にすぐ左右され、人の見る目がどうかが気になってしまって役立つことができないものだ。

人の話をよく聞き、アドバイスは自分がよいと思えば取り入れるが、あくまで自分で決断していく。すべて自分が出発点であり、終着点であり、だから自分に責任があると覚悟している。

こういう自分の考えに意地のある人こそ、頼りがいのある人である。人は時に無責任に「狂うほどの意地っ張り人間」というかもしれないが、いいじゃないか。結果を見れば、どちらが正しかったかよくわかるだろう。

自分の正しいと思うことに意地を張っていく人がいなくなると、この世は恐ろしくなる。核となるものがなくなり、何となくムードや利害関係で動いてしまい、そうしているうちに皆が不幸になる社会となる。

正しく狂い、意地を張っていこうではないか。

36
COURAGE

どんなつらいときでも、自暴自棄になってはいけない

この世に生まれた以上、才能の高下、学問の深浅に従って、それぞれ志を持つべきである。

ただ、どんなに大変な状況、つらい状況に出会っても、自暴自棄になることは悲しむべきことである。

自暴自棄になってはいけない。

吉田松陰は、傍からは過激であるように見えたかもしれないが、ただの過激ではなかった。

一つの大きな志に向かって、自分がやるべきと思ったことをやるのみだったのだ。誰が見ても「時を待つべきだ」というときでも、松陰はたとえそれがわかっていても、すぐ実行に移そうとした。これにより、一時、高杉晋作や桂小五郎らの弟子たちと絶交状態になってしまったこともある。

それは、松陰が牢の中から幕府の要人を撃つ計画を実施しようとしたりしたので、松陰の身が危ないと思った弟子たちが行動を控えるように進言したところ、「諸君は手柄を立てようとするけれど、自分は、やるべき正しいことをやるのみ」と松陰が一蹴したためである。

逆に、高杉晋作が策に詰まってしまい、うまくいかないからとやけになって犬を斬ったというウワサを聞いたとき、すぐに注意をした。血気にはやったフリをするのは一番よくない、と。つまりただの過激さ、狂気ではなく、正しいと思うことをやるだけという筋の通った過激さこそが重要であるということである。

どんな状況でも自暴自棄にならず、考え抜いた正しい情熱を持つべきである。

37
COURAGE

自らを戒める

人を戒め、意見を言う人が、
どうして自分を戒めなくてよいことがあろうか。
いつも反省し、自分を戒めなければならない。

解説

吉田松陰のすごいところは、**自分で持て余すほどの情熱を持ちながら（一種の狂気）、自分を戒め、反省するのがハンパではなかったというところだ。**

ちょっと狂ったふりをしたり、情熱があるように見せたり、威勢よく大声を出す人というのは概して自分を戒め、反省したりしないものである。

自分をいつも戒め、反省するから、人への戒めも説得力があり、いわれた人も、あの松陰先生にいわれたと喜んで反省する。

普通、人に注意したら、心のどこかに気まずさが残るものだが、松陰の場合はカラッとしていて気まずさも残らない。

それは、誠心誠意、相手のことを思っていうことだし、自らについても厳しく戒めているのがわかっているから、いわれたほうも「なるほどそうか」と真剣に聞き入れるからだ。

私たち凡人も、松陰のレベルを理想としつつ、自分を戒めながら、相手のことを思って、意見をしていくようにしたいものだ。

38
COURAGE

国が盛んになるときが、必ず来ると信じてがんばる

治まったり、乱れたりするのは政治上どこでも起こることである。
また栄えたり、衰えたりするのは、必ずあるところである。
落ちるところまで落ちてから、そこから盛んになることも、
極限まで乱れてから、治まることも物の常である。
ましてや日本という国は、天皇をいただいて長く続いた、
世界にもないまれな立派な国である。
今は大変であっても、必ず盛んとなっていく国なのだ。
だから私たちはそのためにがんばらなければならない。

解説

文明論というものが流行した時期がある。文明には法則があって、盛んになったり、衰えたり消滅したりもするというものだ。

文明論で有名なトインビーは、日本に何回か来たが、中国のことはあまりよくわからなかったようだ。最初、日本文明は中国文明に含まれるといったが、後、日本文明は独自の文明であるとしている。また、世界はいずれ中国がリードすると明らかにおかしい予測も行っていた。

ただし、**挑戦に対して応えられない文明は滅びる**というところはその通りであろう。

今、中国の挑戦を受けているチベット、ウイグルそしてベトナム、フィリピン、日本などの正念場はこれからである。

しかし、私たちには吉田松陰の励ましがある。

確かに国や文明というものは盛んになったり衰えたりするものだ。うかうかしていたら滅びる。日本はそうなってはならないし、必ず世界のためにも繁栄し、生き続けなければならない。そう松陰の魂が叫んでいる。

正しい道をひたすら貫いて進め

いやしくも道に志した者が、目の前の過ちを恐れ、
罪に問われることを恐れ、言うべきことを言わず、
誤りをそのまま放置し、将来にその過ちを残すようになれば、
それは君子の学問を学ぶ者の生き方ではない。
道を志した立派な人物たろうとする者の態度ではない。

解説

今、日本は吉田松陰のいう正しい道を貫いて進めるかどうかの岐路に立っている。ようやく戦後体制（つまり連合国であったアメリカ、中国などに都合のよいルール）に従った国際秩序や、それに迎合した一部マスコミ、学者、いわゆる知識人と呼ばれる人たちの敗戦利得というべき、将来の国民に禍根を残す態度に、疑問が投げかけられてきている。

松陰の草莽崛起《そうもうくっき》や、正しい道をひたすら貫いて進めという教えが、人々に甦ってきた。

この道を行くのは大変かもしれない。いわれなき批判が、矢のように日本人めがけて浴びせられるからだ。

しかし、正しいことを堂々というのがなぜ悪いのか。世界は、もう少し賢くならなければ、人類の未来は暗くなる。

これは政治だけの問題ではなかろう。わが人生においても、誤った常識や権威が立ちはだかることが多い。しかし、**正しいことを貫くには遠慮はいるものか。狂っているといわれようが正しいものは正しい。決して負けてはならない。**

多くの人がいる組織での態度とは

多人数の中にいると、
自然と、自分と気性の合わない人がいるであろう。
しかし、これは大抵、私心から起こることで、
お互いに認め合い、隔てをなくすように心掛けることが大切である。
また、先輩を敬い、後輩を正しく導くという、
礼儀と心の寛容さがなくてはならない。
小さいことで張り合うのはつまらない。

解説

世の中では、すぐに派閥を作ったり、先輩後輩のけじめにうるさすぎたりする人をよく見かけるが、そういう人は「小さい小さい」と吉田松陰はいう。

なぜそんな小さな私心私欲で張り合うのか。他にやることがあるはずだ。**もっと大きな心で、大きな志で物事を見なさいと教える。**

もちろん先輩や他人への敬意というのは忘れてはいけない。しかし、それもあまり気にし過ぎてはいけない。物事をうまくやっていくには、先輩、後輩の垣根を越えた協力が必要だからである。

もし、悪さをする小物がいても気にしないことだ。少し我慢をすればいいだけだ。いずれそんな人も頭を下げて、あのときはすまなかったといってくるだろうが、「気にしないで下さい」といってやればいい。

松陰は牢獄に入っても一目置かれた。やはり気宇の大きさがハンパじゃないのだ。牢の中で威張っている者も松陰の前では小さい小さい。

そもそも狂い方の大きさ、正しさが違っているのだ。

41

COURAGE

不退転の人は最後に勝つ

もし、剛直で決してくじけず、
また、自分を信じてくれた人に背かなければ、
不幸にもうまくいかないときがあっても、
自分を信じてくれる者はますます多くなり、
再び立ち上がったときには、必ず思いを成し遂げられる。

解説

自分さえ不退転の気持ちを失わなければ、必ず人は、ますますついてきてくれる。

そしてたとえつまずくことがあっても、最後にはその人たちの力を得て、やろうとしたことは成し遂げられるのだという吉田松陰の悲痛な叫びである。

しかし、この通りの人生を松陰は送ったのである。このような松陰の不退転の生き方は、普通の人からすると狂気であるかのように見えるかもしれない。

まるで喜んで罪とされてしまうようなことに邁進するのだから、傍から見ている人からすると、神様か狂気の人に映ったに違いない。

この松陰の不退転で真っすぐな行動についていった人はだんだん増え、そして時代を変え、日本を守ることができた。

今、再び、このような松陰の不退転の生き方、狂気といわれようが、自分がやるべきだと思ったことを真っすぐに行っていく生き方に、多くの賛同者が現れている。日本人はやはり捨てたものではないのがよくわかる。

今を楽しみ、ただ目標に向かうのみ

今ある境遇に不満もなく、今を楽しみ、天が見守る中で、
ただ自分の目標に向かってあくせくすることなく、
楽しみながら、進むだけである。

解説

吉田松陰の、短いが、あまりにも濃く詰まった人生を見て、つらかったのではないかと思う人がいるかもしれないが、それは違う。

松陰は楽しくて仕方なかったはずだ。

なぜなら、**自分の思ったことを堂々と行い、ただ信じる道を進んだからだ。**

それが、ここの言葉によく表れている。

今を楽しみ、今を全力で生きる。

自分が正しいと思い、やることは天が見守ってくれているのだから、安心して目標に進むだけである。

こんなに楽しいことはないだろう。

酒色を楽しむ人からは淋しいという声も出ようが、松陰は自分の与えられた役割、使命をよくわかっており、酒色に溺れる暇はないとした。

しかし、他人にそれをダメとはいわない。人のそれぞれの道、やり方は認めている。現に高杉晋作や伊藤博文などは女性好きで有名であるが、それを注意していた様子はない。

わずか三〇年の人生で何度も牢獄に入っているが、大いに楽しんだ人生だったのだ。

43
COURAGE

自分にかえって考えていけば、すべて自分の思いどおりになっていく

反求の二文字は、
これまで語られている偉い人たちのたくさんの教えの結論である。
つまり、すべての問題を自分のものとして、
自分を反りみて、考えて、反省していくのである。

解説

かつて『鏡の法則』（総合法令出版）というベストセラーがあったが、この吉田松陰の言葉と同じことを述べた本である。

すなわち、**すべての問題の原因を自分に見て、まず自分を変えていこう**というのである。

すると、次第にまわりも変わり始め、よい方向に向かうことになるというのだ。

孟子は、すべて自分の問題として反省していくことで、この世のものは敵対するものがなくなり、その人に従うようになるという。

なかなか難しいことだが、やってみると確かにすごい効果はある。

ただし、これは日本国内では通じる素晴らしい法則だが、外交関係では、今のところ通用しないものであることだけは注意したい。

吉田松陰も、そう見ていたと考えることができる。

それはさておき、何かうまくいかないことがあるとき、自分の誠や力が足りないのだとして、どう改善していくかを考え、実践していく人に敵う人などいなくなるのは間違いないことだろう。

人の悪口など気にするな

多くの軽薄な者たちが、口うるさく私の悪口を言うが、
全く気にしない。
そんな悪口は聞き流し、いっそ眠りでもして、
昔からの真の友人と夢の中で語り合うのが楽しい。

解説

軽薄なつまらない人間ほど、口うるさく人の悪口をいったり、批判をしたりする。

若いときは、いちいちその言葉に腹を立て、見返してやりたいと思いがちだが、いかにも時間と労力がもったいない。

昔の武士は、人の悪口や批判を許さず、命にかえても取り消させようとしたところがある。

例えば、「葉隠」を読んでも、そのあたりの意地があることこそ武士の生き方というところが伺えて面白い。

しかし、吉田松陰はその上をいっている。大事なのは天下国家をどうすべきかであって、そんなつまらない陰口や批判にかまっている暇はないと思っている。若くして、もうその境地に至っている。

そんなつまらない悪口を聞いているくらいなら、いっそ寝て、好きな人、信頼できる人と夢の中で語らうほうが前向きでためになるという。

確かにそうだ。**人のつまらない悪口、批判は取るに足りない。そんなのを気にするほうがおかしい。もっとやるべきことがたくさんある人生ではないか。**

45
COURAGE

ニセ者が本物とされる世の中でも気にしない

俗世間では、名誉や利益を追い求め、
ニセ者が本物とされることがある。
そんなことは気にしないで、やるべきことをやっていこう。
本当にやるべきとき、誰が本物なのかわかるだろう。

解説

大体、世の中はニセ者が脚光を浴びやすいものである。

なぜなら、宣伝するのがうまいからである。世の中に広まるのは、やたら目立ちたがり屋のニセ者に決まっている。

それを気にするようではいけない。

何のために、自分は正しいと思う道を進もうとしているのか。

世のため、人のためではないか。国の将来のためではないか。

有名になるため、お金持ちになるためではないだろう。

もちろん有名になりたい人、お金持ちになりたい人はそれを目指せばいい。

ただし、ニセ者はいずれ馬脚を現すことを知っておいたほうがいい。

それが早いか遅いかは天のみぞ知るだが、結局は真実が勝つようになっている。

だから、私たちが目指したいのは、一時の名誉やお金ではないはずだ。

自分がやれる精一杯のことをやって、天命を待て

人の生死も富も地位も天命である（天から授かったものである）。
だから自分で修業して鍛え、
力一杯のことをやってあとは天命を待てばよい。
つまり、自分のできることをやり尽くし、あとは天に聞く生き方は、
心ある立派な人物になろうとするものの生き方である。

解説

論語の中に、「死生、命あり。富貴は天にあり」とある。すなわち、人の生死も富も地位も天命であるという。そして孔子自身次のように述べる。「粗末な食事をし、水を飲み、腕を曲げて枕代わりとするような貧しい生活であっても、その中から楽しみが自然と生まれてくるものだ。悪いことをして人に迷惑をかけ、お金持ちとなったり地位を得たとしても、私から見ると流れる浮雲のようにはかなく見える」と。

この教えを前提に、吉田松陰は修業し、自らを鍛え、自分のできるかぎりの力を尽くし、正しいと思うことをやり、生死も富も地位も天に任せる人生を説き、本当にその通り実践した。

すごい人である。孔子は先のようにいうが、自分自身では悪いことはもちろん絶対にしないにしても、よいものを食べ、そこそこの地位を得たり、お金がある生活をしていたのが論語を読んでもわかる。

しかし、松陰は、孔子の教えや孟子の教えを本当に実践した。こんな人は日本にしかいないのではないか。松陰のように、権力もお金も全く関係なく、命さえも天命に任せ、正しいことをやった人間がいるから日本は日本たりえたのだ。

これからも日本は、こうした〝狂気、愚直の人〟を生み出す国でありたい。

第1章 志気
第2章 勇気
第3章 熱気
第4章 侠気

47

COURAGE

チャンスだ、いざ励め

好機（チャンス）が来たときは、しっかりと努力し、
それをものにしなければならない。

解説

青年の志をむなしくしてはいけない。若いときこそ励むのだ。

チャンスには前髪しかないとよくいわれる。

それだけ、チャンスというのは待ってくれない。一時のものであり、それを生かすかどうかは人生の分かれ目となるようだ。

しかし、もっと大切なことは、若いときには特に、努力に励み続けておくということであろう。

確かにチャンスというのは待ってくれないものかもしれない。しかし、普段の努力、向上なしにやって来るとも思えない。

逆に、普段の努力、勤勉さがあれば、チャンスは一度だけではなく、何度でもやって来てくれるに違いない。

だから、**チャンスとわかれば、精一杯がんばればいい。もしチャンスにうまくいかなくたって次を待てばいい。あきらめるのが一番よくないのだ。**

吉田松陰の生涯を見るとわかる。「チャンスを生かすぞ、力一杯やるぞ」と思い、もしダメでもくじけない。「次のチャンスこそ生かすぞ、今度こそやってやる」の気概、気狂いを持って進めばいい。

第1章 志気
第2章 勇気
第3章 熱気
第4章 侠気

吉田松陰、狂気列伝　その３

度重なる入獄

1854年　下田でアメリカのペリー艦に乗ろうとしたが、
乗船を拒否され失敗に終わる。
自首して江戸小伝馬町の牢屋に入れられる。
後に、萩の野山獄に移される。

1858年　老中間部詮勝要撃計画が発覚し、
驚いた藩により再入獄させられる。

1859年　江戸小伝馬町獄に移され、正直に心の中のすべてを話し、ついに処刑される。

第3章 熱気

Passion

まずは自分の思いと情熱である

狂愚は誠に愛すべし。

解説

吉田松陰は自らを「狂愚の人」と呼び、この狂愚ということを愛した。

狂愚とはどういうものだろうか。

松陰の言動から見ると、それは自分の思いと情熱に真っすぐなことなのであろう。

だから**小手先のテクニックとか、世間の常識というものに走るよりも、まずは、この自分の思いと情熱を大事にすべきなのだ。**

すると物事は案外うまくいく。

余計な策に右往左往することがなく、考え過ぎることもないため、目標に一直線に進めるからである。

だから人がバカだとか狂っているとかいおうが、自分の思いが正しいと信じていれば気にすることはない。

人の意見や昔の偉い人の考えはもちろんよく聞いて、学ぶことはあっても、自分の思いや情熱を無視しては本末転倒になる。

小賢しいエリートよりも、狂愚の愛すべき誠実な人が事を成していくのだ。

49
PASSION

功を焦らない

その進むのが、速い者は、退くのも早い。
功を焦ることはない。

解説

吉田松陰は、真っすぐにやるべきことをやる人で、よそ見などしない。しかし、功を焦ることはないという。

すぐできあがるものは、壊れるのも早いと述べている。

だからといって、いつまでもできなくてよいとは考えずに、今できることを力の限りに尽くしていればいいのであって、それを続けていると必ず、目的は達せられると考えたのだ。

こうして見ると、大事なのは、狂うほどの、自分で持て余すほどの思いの強さは、一時のものであってはいけないということだ。

ただの狂っている人や格好つけの人と違うのは、**強い情熱を持ち続ける**ということである。それこそが松陰的狂い方である。

そのために、いつも志や目標を忘れないように勉強に励み、仲間、友人たちと刺激し合わなければならないのだ。

功を焦らず、情熱を持って学び続ける人が事を成すのだ。坂本龍馬もただの人斬りで終わらなかったのは、情熱を持ち続け、学び続けたからであろう。

今を全力で生きる

願わくば、心を尽くし、力を尽くし、全身全霊で今を生きてほしい。

解説

人はいつ死ぬかわからないものである。

そうでなく、たとえ一〇〇歳まで長生きしようと、ただ生きていたという人生ではつまらない。

今というときこそが大切なのではないか。

今というときの積み重ねが人生というものであろう。

しかも、今を全力で生き、自分のすべてを出し切っている人が、どんどん伸びていく。

今ある力の限界を知り、次に何が必要かもよくわかる。

つまり充実した人生を送ることができるということになる。

吉田松陰は一日も休むなという。余暇やレジャーを楽しむなとはいわないが、そのときも大切に、全力で生きてほしいものだ。**何をするにも意味ある人生につなげていきたい**。すると余暇もレジャーも休憩も、人生の大きな力になるだろう。

人生を後悔することなく、自分の人生を生ききったといって終わりたい。そのためには松陰が身をもって教えた、「今こそわが人生のすべてだ」の気概で生きていきたい。

時は貴重なものである

得がたくて、失いやすきものは時なり。

解説

日本とアメリカの違いを一言で表すと「志の有無」ではないか。

アメリカあるいはイギリスなどのヨーロッパは、自分のお金、自分の自由と権利を大切にする。ひいては、国がそれを守れとなる。それが志とつながるといえなくはない。

それは、あくまでも個人が出発点である。だからアメリカ建国の父ベンジャミン・フランクリンは「時は金なり」とうまいことをいった。

この大事な金について、イギリスは勝手に（アメリカ人の同意なしに）課税したと怒り、アメリカは独立戦争の後、独立した。

そこから、個人の権利、自由は大事という幸福追求の確立に至った。

一方、日本は国体、すなわち国全体の歴史、自然、神様を大切に思う。この全体（公といってもよい）をよくしていくために**「自分が役立つ人間となるのだ、だから無駄にする時間はない、時を大切にしろ」**と吉田松陰は教える。

今はもちろん、一人ひとりの権利、自由も大切だとされるに至っているが、この「時は大切」も忘れてはいけない。

52
PASSION

賢者は歴史に学ぶ

物事には、一を知って百を理解すべきことがあり、
過去に学んで未来を予測すべきことがある。

ドイツを統一したことに労のあった鉄血宰相ビスマルクは、「賢者は歴史に学ぶ」といった。

吉田松陰もそう述べていた。何と二五〇〇年前の孔子も「昔に学べ」と教えている。

しかし、今の日本が歴史に学んでいるかというと、はなはだ心もとない。そもそも「日本人はどこから来たのか」ということにおいても、大陸、半島からの伝来説がいいかげんな根拠によるものであったと、少しずつだがようやく科学的調査技術の発達でわかってきた。

吉田松陰が、アメリカ渡航に失敗した後、幕府に反逆しようとしたとの理由で牢に入れられたとき、アメリカ、ペリーの報告書を読んだ。

自分のことが書かれ、褒められていようが、そんなことに惑わされなかった。そして日本の交渉録も併せて読み、「これはアメリカ側の真意が隠され、それを幕府がわかっていない」と見た。**松陰は、きれいごとの表面的な言葉の裏にある、その真意を読み取れという。**

人を疑うことをあまり知らない松陰だが、軍学者となったとき、その目はさえ、この幕府の交渉下手さを歴史の教訓として残しているのだ。

本は批判的に読め

論語や孟子などの素晴らしい古典などを読むときに、一番気をつけることは、その書の内容に媚びへつらわないことである。自分の考えを練りながら批判的に読むべきである。

解説

吉田松陰は孔子、孟子などを尊敬し、その古典をむさぼるように読んだ。また、幼いときから父やおじから徹底的に古典の教育を受け、体に叩きこまれた。

その松陰が、地元、萩の牢獄に入ったとき、囚人仲間と勉強会を始めた。それぞれが、代わるがわる得意な分野の師となり勉強した。

松陰は、大好きで、かつ尊敬もしていた『孟子』をやった。

その勉強会の論評を中心としてまとめ上げた『講孟箚記《こうもうさっき》』は、『孟子』に勝るとも劣らない名著とされている。

その書き出しは、何と、「孔子、孟子などの古典を読むときに一番気をつけなければならないことは、孔子、孟子などにおもねらないことだ」というものだ。

その心意気を見よ。

自分の頭で考えて、その教えと格闘しながら自分の考えを練っていく。つまり本を批判的に読むことで、その本の内容が何倍も自分のものになる。これは、**すべて能動的、主体的に生きよ**という松陰の教えにつながるものである。

読書のポイント

読書というのは、その本のポイントとなる大事なところを理解し、自分のものとしていかなくてはならない。

解説

吉田松陰は生まれて物心ついたころから、父やおじに徹底的に古典を読まされた。そして、本好き、読書家となった。

しかし、松陰が本当にすごいのは、ただ読むだけ、ただひたすら感心するだけの学者とはならなかったところだ。すべての読書が自分を磨き、実践に役立たせるためにあったのだ。

読書は、それぞれにやり方があるのだろう。だが、松陰には人を変え、世の中を変えていかなければならない使命があった。

それを実践できる自分をつくり上げていかねばならなかった。

だから人の話を聞き、事物をよく見て考え、読書に励み、自らを磨きに磨いた。

その読書は、要点、ポイントを理解し、書を写し、自分の考えを練るためにあった。

本の内容は自分のものにしないと意味はない。なぜなら実践していくためだ。

桂小五郎への手紙の中でも、国のために読書をして下さいとある。あくまでも**「読書イコール、自らを磨き実践すること」**というのが吉田松陰の考える読書である。

だから、どんどん本を面白く読んで理解し、身に付けていったのだ。

本を読むだけではだめだ。大きな視野を持て

今の人は、視野を大きく持てない人が多く、
小さなことばかりを論じている。
この欠点は、読書をして満足する人にとても多い。
このような人の特徴は、剛健な態度、剛直な見識はなく、
忠も孝もない。
友人に対して信義がなく、行いを恥じることも知らない。
自分のやるべきことは何かを、
大きく考えるようにしなければならない。

解説

吉田松陰が、弟子たちに「正しい狂気を持て」、すなわち**「視野を広く持ち、自分が何としてもやるんだという熱い思いを持ち続け、そして実践し続けよ」**といったのは、ややもすると読書を好み、勉学に打ち込む人は、目の前の出世ばかりが気になってしまい、大きな視野が持てずに正しいことに力強く挑戦しなくなる人が多いことを心配したからだ。

本を読むことは悪いことではない。視野を広げ、人格を高め、物事を実践していく、実現していく知恵を身に付けていくにおいて不可欠なことともいえる。実際に松陰は、時間さえあれば読書に打ち込んだ。

しかし、それはあくまでも、正しいことを実践していくためであった。ただの本好きでは全く意味がないと考えた。どこまでも実践の人であった。

世に本好きは多いが、その目的が小さくなってしまう人も多いのだ。やはり、目の前の出世より、世の中に役立つため、友人、仲間を助けるため、より強くなるための大目的を持って読書をしていきたいものである。

毎日、勉強を続けよう

山の中では、人が通ればすぐに道ができる。
しかし、通らなくなれば芽や草が生えてすぐになくなってしまう。
人の心も同じである。
だからこそ日々新たに基礎となる勉強をくり返さなければならない。

解説

どんな剣の達人になろうと、日々剣を振り、鍛えなければ、勝負に勝てなくなる。宮本武蔵も毎日の基礎練習の継続が大事だといっている。

同じく、人の心も、勉強もそうで、続けていないと山の中のやぶと一緒で、道などすぐなくなると吉田松陰はいっている。

小さな一歩かもしれないが、この**一歩一歩が道を開き続け、人々に役立つ道となり、やがて目的地に着けるようになる。**

逆にいえば、たとえ、誰も通ったことがなく道がないところであろうと、自分が強く決意して歩み出し、毎日これを続ければ、道は開けるということだ。

世に事を成す人とはこういう人である。今までに誰も成していないことをやり始めれば、人は変人、狂人、好き者、がんこ者などと陰口をたたくことが多い。

しかし、しばらくすると、皆この便利な道を利用し始めて、大した人、やっぱり何かやる人だと思ったと感謝するようになるのだ。

二〇代は死にもの狂いで勉強と仕事に励め

人は大体、一〇歳前後から四〇歳ころまでの三〇数年間は、
勉強に励まなければならない。
その中でも二〇代の一〇年間は、
死にもの狂いで勉強と仕事に励むべきである。

解説

大体人は、二〇代の過ごし方で決まることが多い。

二〇代で世の中に出て、仕事を始め出すからである。この最初の一〇年、つまり三〇歳までの仕事への取り組み方で、大きな仕事を与えられるほどの人物かどうかを判断される。

また本人としても、どのくらいの仕事に挑戦できるかがわかってくる。

このときをいいかげんに無為に過ごす人は一生うだつがあがらず、使えない人となる。

中には五〇歳を過ぎてから大成する人もいるのではないかという人もいようが、そういう人は二〇代から、目立たないけれども、一生懸命に勉強し、仕事に打ち込んできた人である。

吉田松陰自身は、四歳のころから死ぬ三〇歳まで、休むことなく人の何倍も勉強した人である。そんな松陰も、一〇代から四〇歳くらいまでは勉強を続けるべきだが、その中でも二〇代が大事だといっている。

少々の無理をしてでも、自分の仕事の基礎、人間の基礎をここで鍛えてほしい。するると、三〇代、四〇代、五〇代、六〇代と、その年代に合ったよい仕事ができるようになるだろう。

人は生まれ育った土地とともにある

地を離れて人はない。人を離れて事はない。
だから人のことを論じるのであれば、
必ずその地理のことから始めなければならない。
人は生まれ育った土地とともにあるもので、
これを無視して論じてはいけない。

ある人がいった。「マルクス主義はキリスト教文化から生まれた一神教の流れのもので、だから共産主義以外の価値は何も認めない。独裁主義となり、日本の八百万の神、いろいろな生き方に価値を認める思想に全く反するものである。つまり日本の土地に合うものではない」と。

なるほど、人はその土地に結びついて生まれ育つから、これは説得力ある意見であると思う。

とはいえ、自分の生まれ育った土地だけを見るのではなく、広く他の土地と人間をよく知り、学ぶことは、人物を大きくするために必要なことと吉田松陰は述べている。ただその際も、**その土地と切り離して人を見てはいけない**と注意もする。

これはまだ科学的に証明はされていないと思うが、〝身土不二〟なる考え方も提唱されている。つまり健康や体のことを考えると、生まれ育ち、自分の体を創り上げたその土地の水や農作物、水産物を食べるのがよいというものだ。逆に、そこに昔からあった食べ物を見ると、その人も見えやすい。

なるほど日本食を食べる人々は偏りが少なく、価値の多様性を認め、人の意見を尊重し、普段はおとなしく、やるときはやる人たちである。

普段気をつけておきたいこと

普段において注意しておきたいことは、
①他人の妨げをしないこと、
②無礼なことをしないこと、
③しゃべりすぎて失言しないこと、
である。

解説

情熱がある人、それも正しい道を歩もうとすることについて勇気と熱意ある人（正しい狂気のある人）は、この世の宝である。

宝で貴重であるからこそ、気をつけてほしい。つまらないことでつまずいてほしくはない。

その点、吉田松陰も同じで、教育者として気をつけてほしいと思うことを、ここでは三つあげている。

一つは、**他人の妨害をしない**ことである。いくら正しいことをやるにおいても、自分の名誉を考えて行動してはならないのはもちろんのことであり、自分の功を焦ってはならない。

第二に、**礼儀を守ろう**ということだ。礼儀は今や日本でのみ人々に浸透している。この日本の美点は失ってはならない。

第三に、よく松陰がいうのが、とにかく**しゃべりすぎるな**ということである。しゃべるとエネルギーが減っていくとする。また、口のうまい人に真心《まごころ》はあまりなく、実行力もなくなっていくという。

松陰は、以上を注意するべきだとする。

人は皆、怠けてはいけない。教えなくてはいけない

およそこの世に生まれてきた者は、
身分、性別などにかかわることなく、
一人として怠けてぶらぶらしていてはいけない。
また、一人として教えなくてよいという人もいない。

解説

ここでは、吉田松陰の考え方の二大基本がよく示されている。

一つは、**人は、生きている以上、勉強し働け**というものである。

何もしないでブラブラすることほど人として許されないことはなく、その人にとってても人生はつまらなくなる。人は生かされているのであるから、何もしないでよいことはありえないということだ。

また、第二に、**人は誰でもその人に向いた面での才能がある。これは、教育し、指導されることで導かれ、役立つものとなる**というものだ。

だから教えないことは、その人にとっては学ばないことになるので、いかにももったいないことになる。国家の損失とともにその人にとってチャンスがなくなることになる。

松陰によると、人は勤勉に努力すれば必ず立派な人物、世の中に貢献する人物になるという。

自分はどうせだめだろうとあきらめがちになっている人に、松陰の教えは劇薬のように効く。狂ったように覚醒し、そして結局、立派な人物となる。

自分に与えられた役割、仕事に打ち込もう

人はそれぞれに自分に与えられた役割、仕事があって、
それを越えて、あるいはその役割、地位がなくなっているのに、
あれこれ手を出したり、願ったりするのは見苦しい。
人としての生き方が間違っている。

解説

吉田松陰は、人は「自分が国を背負うのだ」という気概を持てという。その上で、自分に与えられた役割、仕事に打ち込もうと述べる。これはどういうことなのか。

松陰がいいたいのは、チーム、組織において、一人ひとりが自分の役割、仕事に打ち込まないで、大きなことばかりいっていると、結局、その人は何もできないことになるということだ。

やはり**やるべきは、何を置いても、自分の役割、仕事である。**その仕事ぶりから、さらに違った大きな役割を与えられることはあるし、そのときは、その、より大きな役割に没頭しなければならない。

また、自分の役割、仕事をきちんとやるにも、常に国や社会のありようを考えている必要がある。そうしてはじめて自分の役割、仕事もうまくできる。

逆に、その役割、地位、仕事を辞め、退いたのに口を出し、自分の利を考えて影響力を行使するようなことは、組織やチーム、そして社会にとってもよくない。天下りや名誉〇〇とかがよくないのは、このことからもいえる。見苦しい生き方である。

心の中で思いを強く持てば、感じる心も増してくる

心の中に思いを強く持っている者は、
外の事物、事象に対して感じやすい。
だから音楽を聴いて声をあげて泣く者があり、
花を見て涙する者もあるのだ。

解説

吉田松陰は、**感じやすい人が伸びていく**と考えていた。そのためには志を持ち、素直な心になることをすすめた。

その志の中味については、**「心の中の思いを強く持ち、国家、社会、人の生きる道などのいろいろな考えをめぐらせていること」**とし、そういう人は、感じやすい人となると述べている。

だから心の中でいろいろ思っている人は、よい芸術を見たり、聞いたりしても、美しい自然を見ても涙するほどに感じやすくなる。

松陰もよく涙したようだ。松下村塾で昔の偉人の話をしていても、感極まって慟哭したという。

幕府の取り調べを受けるため故郷の藩を出るときに、涙松という松並木で詠んだ次のような歌がある。

「帰らじと思いさだめし旅なれば　ひとしおぬるる涙松かな」

このように感じやすい松陰であったが、逆にいうと、よい芸術や美しい自然に触れて心を豊かにしていると、志や胸の思いもより強くなるのではなかろうか。

賢い母には、必ず賢い子ができる

人として優れた母、賢い母であれば、その子も優れた賢い子となる。

解説

吉田松陰が尊敬した孟子にまつわる故事で、「孟母三遷の教え」というものがある。

孟子の母が、子の教育に適した環境を選んで居所を三度移し変えたというものだ。最初は墓の近くに、次に市場の近くに、そして最後に学校の近くに移したのだ。これによって小さい孟子は、それぞれの場所で影響を受け、最後は学問、教育に目覚めたというのだ。

子というのは、母の強い影響を受けて育つ。

松陰によると、一〇歳くらいまでは、男の子も女の子も母の下で育つため、その強い影響を受けるという。そして一〇歳くらいまでには、その子の人間性の基礎はほぼできてしまうのだ。

優れた人、賢い子は、皆、必ず優れた母、賢い母の下で生まれ育ったのかはわからないが、少なくとも優れた母、賢い母には必ず優れた子、賢い子ができるだろう。

松陰の本好き、どこまでも明るく前向きな性格は母親の影響と見る人も多い。母親の影響というのはとても大きいことをよく知っておきたい。

64

PASSION

必要なことを、心を込めて話すのがよい

わが性格はおしゃべりである。
多言は敬う気持ちを失い、誠実さが散り失せてしまいがちとなる。
だから必要なこと以外は、
できるだけ言葉として口にしないことを第一の戒めとしている。

解説

吉田松陰が最も重視するのは誠である。

本当に心の中から、真心《まごころ》で物事を考え、やろうとしているのかどうかである。

真心《まごころ》さえあれば、さえぎるものなど何もないと言い切る。

だから、真心《まごころ》とは違うことをいうこともよくないことになる。

すると、おしゃべり、多言は、どうしても必要でないことまで口にする傾向がある。

その場をつくろえばいいということも多く話してしまい、誠実な心や相手を敬う心が薄くなり、なくなりはしないかと心配する。

松陰は自分のことをおしゃべりだという。するとサービス精神旺盛となって余計なことまで口にしかねない。だから必要なことを心を込めていい、あとは口にしないようにしようと戒めているという。

言葉には大きなエネルギーがある。魂があるともいわれる。だから多くを発するとエネルギーや魂が漏れて弱くなることになる。狂ったほどの強い思いを持った実行力のためには、あまりしゃべらないことである。

どんな人でも才能はある。その才能を生かしていこう

思うに、徳があまりないつまらない人でも才能が必ずどこかにある。
その才能を使う必要がある。
ただ、その悪い面が出るのを許してはならない。
今、大きなことを成し遂げようとしていくならば、
徳のある立派な人も、徳のないつまらない人であっても、
すべての人の才能を活用すべきである。

解説

リーダーには徳のある立派な人物になってほしいが、リーダーだけで物事は成し遂げられない。

徳のまだ少ない人であっても、ある面では必ず才能があるはずである。そうした才能を集めることによって、大きなこともはじめて成功していくことができる。

問題は、徳のない、悪い面のある人だが、その**悪い面が発揮されないようにすることである。**

孫子は、組織をまとめるために必要なのは、トップリーダーの徳とともに組織全体の信賞必罰だと説いた。規則、ルールを公正に適用し、やっただけのごほうびをケチらずに報酬として出すようにしなくてはならない。

それと同時に、徳を磨き、努力し勉強していく向上心のある人に対しては、チャンスと正しい評価を与えていくようにしたい。

より多くの人の才能を結集できるかどうかが、事業の成否にかかわるといえる。

狂気（自分が持て余すほどの燃える思い）はよいが、怒りはよくない

怒りを抑えることと、欲をうまく処理することの二つは、英雄の工夫すべきものである。欲をうまく処理することは、まだ簡単なところがあるが、怒りを抑えることは難しく失敗することが多い。

解説

英雄は、時代を切り拓く力がある。

英雄になるには、狂気のような、自分が持て余すほどの燃ゆる思いをたぎらせ、目的に向かって突き進み続ける必要がある。

吉田松陰はその英雄に、二つの工夫を求めている。

一つは、**欲を抑えること。**もう一つは**怒りを抑えること**である。

二つとも英雄には難しいことではある。よく英雄は色を好むという。しかし、この色欲という私欲も過ぎると目的をじゃますることになるので抑えることも必要だ。ただ、色欲も含む欲を抑えるのは比較的できるが、怒りを抑えることは難しいと松陰は見た。

確かに日本を代表する英雄、豊臣秀吉や、世界の英雄ナポレオンも色欲はそこそこにコントロールできたが、怒りで冷静さを失ったときはうまくいかなかった。

この点、松陰は私欲も情熱も怒りもコントロールできた、歴史的に見ても稀有の英雄である。

狂うほどの情熱を持ち続けていても、決して怒りを爆発させて自分を見失うようなことはなかった。どこまでも大きな目標実現ありきの人であったのだ。

実際にやることを考えよ

昔から、議論は簡単なものだが、
実際に行うことについては難しいものだと決まっている。
いいことをぺらぺらしゃべってばかりではしょうがない。
実際にやることをよく考えよ。

解説

勉強のための議論はよいと思うが、**何をするか、どうするかの政策や仕事の議論は、ほどほどにしないと、間違った方向に行きやすい。**

全く議論するなとはいわないが、議論のための議論になることにならないように注意が必要で、そのためのルールもきちんと作っておくとよいだろう（一日一回とか、週一回とか、最終決断はトップの権限とか）。

でないと声の大きい者や無責任な者、つまり実際にやることを考えない、実践に向いていない、口だけの正論が勝ってしまうからだ。議論より実際にやることのほうがはるかに難しいのは昔からわかっているが、口だけだと何でもいえてしまうものだ。

例えば、世界一を目指す、一億円企業が一〇〇〇億円企業になる、従業員全員に一億円の報酬を与える、あるいは、戦争のない世界の実現を信じ、外国の正義と誠意を信じ、軍隊もミサイルも銃もいらない、とかである。

具体的にどうすれば本当にそうなるかを示して、実行できることを議論すべきだ。議論になるとぺらぺら人間、無責任人間が必ず出るから注意せよと吉田松陰は述べている。

真《ま》心《ごころ》で生きよ

人に一番大切なことは、真《ま》心《ごころ》をもって生きていくということだ。
これは、親に対しては孝行となり、
君主（国家、組織、上司）に対しては忠誠となり、
友に対しては信義、友情となる。
このように呼び方は違っても、大切なのは一つ、
「真《ま》心《ごころ》」で生きるということである。

解説

吉田松陰の人となりを一言で示せば、**「真心《まごころ》の人」**ということになろう。

真心《まごころ》とは、自分の芯からの誠実さということだ。この大和言葉を難しい漢語でいうと「至誠」ということになる。松陰は**「至誠にして動かざるものはなし」**という孟子の言葉を信条にしていた。

おそらく歴史上の偉人の中でも、松陰ほどの「真心《まごころ》の人」はいないのではないか。

自分の思い、情熱に対しても、家族に対しても、他人に対しても、目上に対しても、国家に対しても、ただ、真心《まごころ》を貫き通した。

これは他人から見れば、「狂気の人」にしか見えないかもしれない。あまりにも純粋すぎるから、そう見えるのだ。

私たちはそこまで狂えないかもしれないが、松陰の真心《まごころ》ある生き方に近づいていくことが、人生をよく生きたということになるのではないか。

本物の狂気の人にはなれないかもしれないが、狂ったように自分の情熱、思いに正直に、わが人生を真心《まごころ》で大いに充実させていきたい。

69
PASSION

お天道様はすべてお見通しである

宇宙の道理や人の心は明らかで、晴ればれとしている。
悪いことは決してしてはならず、しても栄えることはなく、
お天道様はすべてお見通しということである。

解説

日本人の倫理をひと言で表すと、このようになるのであろう。だから世界で最も倫理高い国民性が生まれたといえる。

これに対して、そんな天や神やお天道様という怪しいものを持ち出してくるのは科学的ではないとか何とかいって、戦後、倫理、道徳教育はないがしろにされてきた。

ではキリスト教が科学的に正しいと証明されているのだろうか？　科学も万能ではない。

また、こうしたお天道様や八百万の神々を信じない、私欲しかこの世で認めない人々も多く移り住んできた。しかし、それでも、大筋のところでこの倫理、道徳の高さは、まだ社会の通念として残っている。学校でおかしな教育がなされても、人々は吉田松陰の教えなどを読み、大事なことを守ってきた。

だから日本はビジネス、経済でも、世界のトップを走っていられる。倫理、道徳の高さがビジネス、経済の成功の決め手となっているのだ。

また、松陰がいうように、**宇宙の道理や、お天道様がちゃんと見ていてくれるということを信じれば、正しいことをやるのに怖いものはない。**そこを信じてひたすら進むだけである。

国家、社会の喜びを自分の喜びとしよう

およそ今日、日本に生まれて、
世の中のおかげで何とか生きている我々は、
わが身個人の憂いや楽しみよりも、国家の喜び、悲しみを、
自分の憂いや楽しみとすべきであろう。
このような気持ちのない者は、人でないと言ってよい。
いずれにしても取るに足りない、つまらない人間である。

解説

国の大臣や、何とか審議会の委員でありながら、税金を払いたくないために、国籍あるいは住民票を外国に移す者がいるという。それでいて国家のあり方、方向性に口を出し、志を説いたりする。吉田松陰にいわせると、それは人間ではないということだ。

つまり取るに足りない奴で、そんな人を国策に絡む地位につけてはならないし、意見を聞くなといいたい。本人も偉そうに口をきくな。

この日本、この社会で生きていられ、仕事をしている以上、国家、社会の喜びや憂いを一番に感じる人でありたい。

そういう人こそ、本物の志ある人、見るべき人である。いくらお金を稼いでいるから、いくら学問ができるからといって、それがどうしたといいたい。全部、この国、この社会のおかげで自分のその地位があるのではないか。

そういう人のことなんか無視して、少なくとも自分たちは、喜びも悲しみも、国や社会と一体としていくだけである。

71

PASSION

人情は愚直を貴ぶ

人情は愚直であることを貴ぶ。
愚直であればあるほど、人情はその人を好み、信頼する。

解説

私は愚直という言葉が好きだ。

吉田松陰の「諸君、狂いたまえ」というのは、愚直一本で生きなさいということと同じであろう。

それほど愚直というのは難しいのだ。ただ真っすぐに自分の正しいと思う道を進む、真心《まごころ》で進む。そのためには心に燃え上がる熱い信念がなくてはならない。傍から見るとバカか狂っているように見えるだろう。

だから「狂いたまえ」というしかない。

しかし、バカか狂っていると最初に思われても、**人情というのは、愚直であることに惹かれる。愚直の人を信用し、愚直の人を頼りにする。**

なぜならそういう人は、正しい方向にひたすら進むだけの人であり、裏表なく、私心もないからである。そんな人に結局、この世は従うことになるのである。

だから**愚直こそ大成功への道となる**のである。狂気のような熱い思いを抱き続けることが大成功への道である。

多くの試練に打ち克ち、日々鍛錬することで、人は本物になる

日ごろより心に期していることがある。それは、私は、掘り出したままの粗鉱や磨いていない玉と同じであるということだ。千回磨くことで玉は本当の名玉となり、百回鍛練することで粗鉱は硬い立派な鉄となる。だからそれまで自ら自分を捨てることなどありえない。試練と鍛練を楽しみながら続けるのみである。

解説

鉄や宝石というのは、何度も叩いて鉄となり、何度も磨いて宝石となる。人間と全く同じである。

試練を乗り越えることと日々の鍛練で、本物の立派な人間となるのだ。

このことをよく知っていれば、つらいことなど何もない。

試練が来れば、また大きな人間になると喜んでこれに当たればいい。

日々の勉強、鍛練も、明日への成長のためである。こんなに楽しいことはない。

吉田松陰はこのことをよく知っていた。

だから牢獄に入れられても落ち込むことはなかった。たとえ牢獄で死んでも悔いがないというほどの覚悟であった。喜んで牢獄に入るところがすごい。

妹千代への手紙の中で次のように述べている。

「私が牢屋においてこのまま死ぬことになれば、これは禍のように思えるかもしれないが、一方においては牢屋の中でも学問をすることもできて、これによって自分を高め成長でき、後世のためになる仕事もできる。そしてそれによってずっと影響を与えられるほどの人間となるかもしれない」

どこまで不屈で、前向きな人間であろうか。

73
PASSION

心と体を元気で丈夫にしておく

武士は壮健に育たなくてはならない。
すなわち心も体も元気でいてこそ、
いざというときに役立つのである。

解説

吉田松陰は武士は壮健に育てというが、これは、一般の人にもあてはまることだ。松陰自身、どこまで武道に励んだのかは知らないが、あれだけ長く牢獄にいても壮健であり続けたのを見ると、**心と体というのは、やはり気力、志の大きさ次第なのがよくわかる。**

「私がやらねば誰がやる。自分は、こんなことでくたばってなるか。世の中は、私の再起、登場を待っている」という気概があれば、心も体も元気になる。その気概があれば、武術の達人にならなくても自分の才能の分野で必ず役立つ壮健な人となる。松陰が「佐藤一斎は儒学の才があるのであって、剣術の才ある人と代わることはできない」といったというが、そういうことだろう。

アメリカ渡航を企て失敗したときの弟子に金子重輔という人物がいる。金子は病気となり、死んでしまうのだが、松陰の、彼に宛てた次の文章を読むと涙が出る。

「国は侵略する敵を退ければ国民は甦る。体も病気を治せば健康になる。体がよくなれば心も意気盛んになる。意気盛んとなれば、どんな強敵も怖くなく、何でも成し遂げられる。是非、よくなって一緒に志を遂げていこう」

幸せは自分の心の中にある

禍《わざわい》や幸せは、天から降ってくるのではない。
神様から出されるものでもない。
すべて自分から見つけていくものである。
つまり、すべては自分の心の中にある。

解説

吉田松陰は、富や地位というものは天が授けているもので、決して自分のものではないとする。だからそんな富や地位を追いかけても仕方がない、自分としては、ただ励み、やることをやるだけだと考えるのだ。

だから当然、幸せというのは天や神様から生まれてくるものではないと見る。禍も幸せも自分の心の中にあるのである。

すべて自分がどう思うか、どうやっているかにかかっているのだ。

松陰はお金がなく、いつも質素な暮らしをしていた。江戸留学時代の日記を見ると、そのつつましさがよくわかる。もちろん実家の杉家もそうだった。地位的には藩の軍学者という立派なものがあったが、事を成すためにはこの地位を奪われても平然とし、幸せ一杯であった。**自分のやるべきことをやっているという満足感以上の幸せはないだろう。**

それに親兄弟、親戚、友人、仲間、弟子に好かれ尊敬されていた。こんな幸せはなかったろう。

人によく学び、自分でよく考える

心ある立派な成長をしていく人が道に志した場合、
学問に励み、また、それを考えるものである。
例えば、昼に人や仲間と学び、夜はよく自分で考えるのである。
考えれば考えるほど得るものがあり、
学べば学ぶほど行うべきことが出てくる。

解説

人によく学ぶことと、自分でよく考えることの両輪があって人は正しく賢くなる

のだということを吉田松陰は教えている。どちらか一方だけだとよくはない。

孔子も、「教わるばかりで自ら考えることをしないと本当の力はつかない。自分で考えるだけで先達や他者に広く学ばないと狭い考えに陥り、危険このうえない」といっている。

また不思議なもので、一緒に学ぶ仲間がいると、勉強もはかどるものだ。

自分の考えをぶつけ合ったり、先生の教えることで、よくわからないところを教え合ったりすることは楽しいものだ。そうやって刺激し合うことで上達も早くなり、レベルも高くなる。

福沢諭吉の『福翁自伝』を読むと、この勉強仲間、同塾の友がいることのありがたさがよくわかる。あの個性の強い福沢が、オランダ語の次に英語の勉強をしようとするとき、仲間がいないとはかどらないと考えていたところが興味深い。

松陰もこのようにして学び、自分でよく考えたことをすぐに実行するということで次々と時代を切り拓いていった。

学び方、鍛え方で人は変わるものであることを忘れない

天が人をこの世に送るのは、いつの世も同じであるはずだ。
だから人材は今もたくさんいるのだ。
心は養って強くすべきである。
気持ちよき人を見習って勇敢にすべきである。
この養い方が同じでなかったり、
習い方が同じでなかったりするので、強かったり弱かったり、
勇気があったり、臆病であったりするのだ。
いかに教育が大事かということである。

解説

人は臆病に育つと、一生臆病であるという。これはなかなか直らない。だから昔から肝を強くするための「肝試し」などという野蛮な風習が日本にあったのだ。

吉田松陰は志と肝の小さい人間は役に立たないという。だからこそ、親の教育で小さいときから**志や肝を大きく強くしていくことが大切**なのである。

学校に行くようになっても、引き続き志と気力、胆力などを強くする指導をしなければならない。

戦後、松陰のいうこの大事な面の教育が、家庭と学校現場からなくなったのが残念である。

明日の日本のために、心を養い、心を強くする家庭教育、学校教育を考えたい。もし、それもすぐには難しいとなれば、心ある人だけでも、心と肝を強くするようにしていきたい。

気がついた人は、いつでもいいから自分の心と肝を大きく強くしていくよう、松陰の生涯と言葉を学んでいくのがいいだろう。

一生懸命にやって、それを積み重ねていって世の中は変わる

天下国家の重要事は、一朝一夕に変わりよくなることはない。
何年もかかって至誠で行動をし続けていかなければ、
できるものではない。

解説

よく一時の興奮で吠える人がいる。

「世の中を変えるぞ」と。

そんなものではないと吉田松陰はいう。

世の中を変え、国を変えていくのは、一朝一夕ではできないのだ。何年も、真面目に一生懸命に打ち込み続けて、その積み重ねがないとだめなんだと述べる。

だから一時、気が狂ったかのようにやるだけではだめで、心の中からの情熱をもってやっていこうという。

気が狂っているように見えるのは他の人から見ての話であって、本人は、至誠で真面目にやり続けているだけである。

正しいと思うことであれば人が何といおうとやり続けるのだ。

また、積徳積善《せきとくせきぜん》（徳や善行を積むこと）でなくては大事なことはできないというが、この積徳積善も他人にはわからないことが多いのだ。しかし自分の良心と天はその正しいことを知っている。たとえまわりの人に「狂っている」といわれようとも。

吉田松陰、狂気列伝 その4

弟子と絶縁

1858年、日米修好通商条約が結ばれる。

松陰はこの不平等条約に対して大いなる不満を持ち、幕府を倒せという意見書を藩に上げる。

これを危険視した藩は、松陰を捕らえて投獄。

弟子の高杉晋作や久坂玄端などは、松陰の身を案じ、なだめる血判状を送るが、松陰はそれを生ぬるいと思ったのか、逆に絶縁状を送った。

後に、志は皆変わらないということで、松陰と弟子たちの心も再び一つになっていった。

第4章 侠気

Chivalrous

義侠心ある人になれ

天下の志士、すなわち世を変えていこうという気骨のある人は、人のために、世の乱れやもつれを何とかしたいと動く人である。しかもそのために、自分の目の前の利益や名誉を求めるのではない、義侠心がある熱情の人こそ世の中の宝物のような人である。

解説

義侠心というのは今の日本では廃れた価値観に見えるが、そうではあるまい。

侠気という言葉を誤用したためであろう。

いつの間にかヤクザ映画の売り文句になり、そして今やヤクザ、暴力団という、侠気と一番遠いところにいる、目の前の利益のために人を脅かし、傷つける卑怯で最低の人たちの使う言葉のようになってしまった。

本当の侠気というのは、吉田松陰がいうように、世のため人のために正しいと思ったことをやる熱情ある心のことをいう。自分の利益や名誉は忘れて、正しいことをすぐ行動に移す勇気あることを指した。

与謝野鉄幹の「人を恋ふる歌」にある、「友を選ばば書を読みて六分の侠気、四分の熱」は、まさに、このような義侠心ある人こそ最高の友であるということをいっている。

この義侠心ある人は、ある種狂気の人ともいえる。

すなわち、自分の利を小賢しく考えるのではなく、正しいことをやるべきと思ったら我が身を忘れてその強い熱意で動いていく行動力ある人なのである。まさに松陰はそういう人であった。

79
CHIVALROUS

危険なこととわかっていてもやるのが、本来の日本人

かくすればかくなるものと知りながら
やむにやまれぬ大和魂
(自分が正しいと思ってやれば、必ず自分に厳しい結果になるとわかっていても、世の中のためにやるのが日本人の精神である)

解説

日本という国は本当に不思議である。日本人というのが狂っているとしか思えないときがある。この狂っているというのは「いい意味で」ということである。常識では考えられないのだ。

まず国土を見てみよう。八割方が山で、地下資源は、豊かな水と木々ぐらいである。まわりは海だから水産資源には恵まれていた。人口は、明治の初めに三〇〇〇万人、第二次大戦のころ五〇〇〇万人、そして今は、約一億二〇〇〇万人である。

こう見ると世界の最貧国でもおかしくない。ところが、明治維新を起こし、半世紀後には白人国家と並んで世界のリーダー国となった。

第二次世界大戦でアメリカ、イギリス、オランダなどと四年間も戦い、国土はすべてめちゃくちゃに破壊され、徹底的にやられ永遠に復活は無理だと誰もが思った。しかし、やはり半世紀もたつと世界の経済大国としてアメリカの次にいる（中国の統計はよくわからないので置いておく）。それも多くは内需でである。これこそ狂った人たちがいるとしか思えない。

本当に何もないのか。いやある。吉田松陰がいうように、**大和魂という、やるときはやるという正しく狂ったような熱い精神があるのだ。**

至誠は神をも動かす

至誠は神をも感動させて動かす力がある。

解説

吉田松陰の信条は至誠である。つまり、**心からの真心《まごころ》をもって全身全霊で尽くせば、この世で動かないもの、できないものなどない**と信じ切っている。

そしてその生き方も至誠ひとすじであった。

最後の最後まで至誠を貫いたため、死刑にもなった。死刑になったので至誠は神に通じなかったという人もいるかもしれない。しかし、松陰本人は当の初めから命は捨てていた。わが命に代えてでも、日本を守り、日本を取り戻したいと願い行動した。そしてそれが実現されたことは歴史が証明している。

松陰は、天国から「ほうらね、至誠は神様を感動させ、動かす力があったんだよ」といっているに違いない。

日本には八百万の神がおられるという。その神はわが先祖、わが国土すべてが一体となったところに存在しているので、いちいち神様にお願いするまでもない。

それよりも、皆が自分の至誠の生き方ができているかどうかを、見守って下さっている。

徳を身に付けないかぎり、真に目標は達成できない

困難極まりない状態を、耐え抜き、
そして目的を成し遂げていくために必要なものは何か。
それは徳しかないのである。

解説

徳とは何だろうか。

徳とは、人として身に付けるべき理想の人格のことである。

具体的には、自分のことを越えて、人のために、社会のために思いを寄せて、実践していける性格のことである。

吉田松陰が学んだ東洋思想、特に孟子においては、もともと人は善性を持って生まれてくるという。しかし、それが世に出て間違ったことを身に付けていきがちとなるので、人は勉学に励んで、その善性を取り戻し、徳にまで高めていかねばならないとする。

国際政治、外交の面では、まだまだ難しい面があるが、世の中で成功していくには、この徳があるかないかが決め手となるのは日本も西洋も同じである。

なぜなら、人は一人では何もできず、成し遂げられるものではないからだ。だから人のために動ける人、他人を幸せにする人が、目的を成し遂げられるのだ。すなわち、徳が身に付いているかどうかが大切なのだ。

いつも覚悟を持ち、油断してはならない

本物の武士というのは、行住坐臥《ぎょうじゅうざが》、どんなときであろうとも、
いつも覚悟を持ち、
油断のないようにしていかなければならない。

解説

吉田松陰は、武士は社会と国を守るために二四時間覚悟を持ち、油断してはいけないものだと説く。

なぜなら武士は、社会と国を守るために百姓から食べさせてもらっているからだ。だから起きていれば勉学して、この世のことを考え、あるいは社会に役立つ自分になるように励まさなければならない。少しの無駄も許されない。

そして事が起きれば、社会と国を守るためには命をかけて戦い、行動しなければならない。これは、武士についてのみならず、私たち一般の人間についてもいえるのではないか。それが松陰の真意であろう。

というのは、**人が一人で生きられることはほとんどないからだ。すべてにおいて人の力を借りて生きていられる。**ごはん一食でも何人もの手によって作られたものでできているのだ。

住む家も、お金を得る仕事もそうだ。だったらその覚悟を持ち、油断なく生きてやっと一人前となっていけるのだろう。

83
CHIVALROUS

本物のリーダーに必要なもの

志のある本物のリーダーになるためには、
いつの世も変わらぬことがある。
それは、見聞を広め、人々の意見を聞くことである。
具体的には、広く賢者と交わり、広く読書をすることであろう。

解説

吉田松陰は、リーダーのあり方としての要点は**見聞を広めておくこと、人の話をよく聞いてよいところを取り入れていくこと**の二つをあげている。そして、そのために最低限必要なこととして、賢い人と交わり、読書をせよという。

これは単にリーダーの心得というより、私たちみんながそうあるべきで、ただリーダーたるもの、この心得を肝に銘じよということであろう。

つまり一個人の考え、知恵などには、どうしても限界があるため、人の話をよく聞き、見聞を広めなければならないのだ。

もちろんリーダーたるもの決断がとても重要である。しかし、その決断はいいかげんなものであることは許されない。リーダーは多くの人のために存在するのであるから、その決断をしていくためには、多くの知恵を集め、できるだけ間違いのない方向に行く努力をしなければならない。

人の話をよく聞くことができず、本もあまり読まない人は、自らリーダーを辞めるべきなのである。

84

CHIVALROUS

肝っ玉の大きい人物になれ

豪傑すなわち肝っ玉の大きい人は、
何事も自分で創意工夫して決して他人の真似ばかりをしないのである。

解説

人の真似を全くするなとはいわない。吉田松陰自身、たくさんの人に教わっている。真似するところもあったに違いない。しかし、それは一時のことである。よりよいものを生み出すためにということを決して忘れてはいない。

よく人に学び、よく歴史を勉強し、そして最後は自分で創意工夫しないと、役立つことなどできなくなる。

例えば黒船が来たとき、それまで二〇〇年以上鎖国をし、外国の侵略を許さないという攘夷をほとんどの人が唱えていた。しかし、ただ唱えているだけでは日本は守れない。そこで松陰はアメリカに渡航しようとした。師の一人であった佐久間象山や友人宮部鼎蔵《ていぞう》らには相談はしていたであろう。しかし結局は自分で決断し、創意工夫をしている。そこから時代も松陰に引っ張られるように激しく動いたのだ。

肝っ玉の大きい人、創意工夫する人はちょっと狂っているように見えるかもしれない。なぜなら常識にとらわれず、今正しいことは何か、やるべきことは何かを迷いなく実践するからだ。

だから時代もいずれはその人についてくるようになる。

人と人のつき合いは何をもってするべきか

師と弟子、友達同士など、人間と人間は、
それぞれの徳を見てつき合うものである。
地位や権限など余計なものでもってつき合うのは筋違いだ。

解説

それぞれの徳というのは人間的魅力のことだろう。

日本はだんだんに吉田松陰のこの教えが浸透していく社会となった。

今、役職が上だからとか、お金持ちだから、はたまた代議士だからといって偉そうにする人がいたら、まさに時代錯誤のバカである。

しかし、一歩、日本の外で仕事をしてみるとよくわかるが、世界はお金持ちか否か、エリートかどうかで人のつき合い方が違うのである。

チップ、ソデの下を多く支払えば、何とでもなるのが社会の仕組みである。

でも、そんなのはおかしい。視野も狭くなり、人間的魅力にも限界が生まれる。

少なくとも、私たち日本人の間ではそんなことを許してはならない。

同じ人間だ。その好き嫌いや、尊敬の有無は、ただ徳の違いにある。

徳や心が最も大切なのだ。

自分が国を背負っているという心意気を持つ

私は正直、国のことを思っていることを自らに任じているのだ。
つまり日本を背負う心意気で生きている。

解説

吉田松陰は自ら、**日本を背負っているという心意気があった**し、会う人会う人に、あなたが国を背負っているのだと本気で説いた。

だから、説かれた人も、皆、その気になって涙した。普通、出会ったばかりの人に向かっていくら説いても、そうすぐに信じることはあるまい。しかし、松陰は心底、それこそ狂気であるように説く。これで日本はいいのか。あなたはいいのかと。例えばペリーの船に乗りこもうとして失敗し、自首した後、その入れられた牢獄に集まってきた人や獄吏に真情を語り、彼等をして涙を流させ、心を動かしている。

この、国を背負う気持ちは、弟子にも引き継がれた。例えば、長州がイギリスなどと戦争をした後、高杉晋作は敗戦処理の交渉に当たったのだが、そのときに松陰魂が出ている。

イギリス側が藩主たちを出せというのに、高杉は、代わりに出て来て、〝魔王〟のようにふるまったという。そして、下関の彦島を香港のように貸せというイギリスの申し出を、将来の日本を考えて、何をいうかと一蹴している。

〝一狂生〟と名乗った高杉の面目躍如の姿である。

論争に勝つ人が優れているというのは間違い

世間一般の人が、あることについて議論をするとき、
わかっていない人は議論の勝敗の結果を見、
深く物事を考えるできた人は、
そこに誠実に物ごとを考えている人かどうかを見るのである。

解説

論争において一番重要なのは勝ち負けではない。

ややもすると、世間一般では論争に優れている人をできる人と思いがちであるが、そうではない。

一時の論争に勝つコツは、できもしない、やりもしないことを、堂々ということである。無責任であるなら何とでもいえる。だから勝つことが多い。あるいはウソの証拠を出して（ねつ造して）、煙に巻く。

日本人は元来、吉田松陰のように、議論に勝つかどうかより、その重要な問題について誠実にどうしようかと考え努力する人に価値があるとした。

ところが戦後、どうしたことか一部マスコミ、学者などの中に、日本の歴史や日本人をおとしめるためのねつ造報道をする、外国の手先のような人が出てきた。

報道も教育も、世の中をよくするために存在する。松陰が一番大事だという誠実な態度こそ思い出してもらいたいものである。ある結論に導きたいがために何でもいってやろうというのは最低のことだ。

88

CHIVALROUS

武士道を貫け

武士たる者は、今すぐにでも命令があったならば、
槍をひっさげて馬に乗り、火や水の中に駆け込まなくてはならない。
だから暴飲暴食をしたり、
過度に男女の欲情におぼれたりしてはいけない。
また不養生で病気になったり、
気が弱くなったりしては武士道にもとるというべきである。

解説

面白いのは、もともと武士道とは、その名の通り武士の身分のある者に求められた正しい生き方を総じていうものであったのが、いつの間にか**日本人の精神の基本となっていった**ことである。

幕末、吉田松陰によって集大成された感はあるが、武士道とされた生き方は、下級武士や商人、農民の中の、心ある人によく見られた。

明治になると、この武士道は日本人全体を貫く、理想の精神となった。

このことは新渡戸稲造の『武士道』を読んでもよくわかる。

今の時代は武士道の生き方そのものはなくなってはいるものの、**私たちは、武士道を日本人の根底にある精神として忘れたくない。いや貫いていきたい。**やることはやる。そのために日ごろから自分を最高の状態にしておくべきである。

そして、ここぞというときには勇気をもって、正しい狂気で立ち向かっていくのだ。それが充実した人生を送ることにもなる。

89

CHIVALROUS

お金や地位で人を見ると、視野の狭い、つまらない人間となる

貧乏や地位の低いことをもって、人を軽蔑する者は、
必ずお金持ちや地位の高い人にこびへつらうものである。

解説

お金は必要なものである。また便利なものである。お金を多く持っているかどうかで、人生の送り方もずいぶん違ってくるのは事実だ。

だから前述したように吉田松陰も、利益の上げ方、お金の使い方などに関心がないことはなく、経済学的なことを松下村塾の授業として取り上げている。

また、江戸小伝馬町の牢内でも、それなりの存在であったため、何かとお金がかかったが、高杉晋作に頼んでお金の工面をしてもらった。そのお金で松陰の面子も何とか保てたのである。

しかし、だからといって、お金のあるなしや地位のあるなしで人を見たり、人の接し方を変える松陰ではない。

時の老中であろうと、つまらない奴はつまらない奴とし、天下の嫌われ者の牢獄仲間でも、その人によいところがあれば心からのリスペクトをする。

お金や地位についてのこうした態度が、実は、必要なお金はいつも何とかなるものだという不思議な力を有することにつながる。

お金を自分のやることの手下、従者のように扱うからだろう。

90
CHIVALROUS

他人を責めない

心ある立派な人、そして成長していく人は、
他人の罪を見つけて、他人を責めることで、満足する人ではない。
人のよいところを見て伸ばそうとする人が、伸びていくのである。

解説

吉田松陰は、日本の歴史上に現れた、理想の、奇跡のような教育者である。

私たちは、どうしても他人の欠点が目について許せなくなる。

他人の悪口をいうことは、ストレス解消になることもある。

ただ、一般人はこれでいいが、人を教育して大きく伸ばす教育者や、自分が大きく伸びていき、事を成そうとする者はこれではいけない。人の罪や欠点を見つけて喜んでいてはいけない。

というのは、人には必ず欠点があり、知らずに罪を犯すことも多いからだ。しかし同時にその人には長所もある。その**長所を伸ばしていくのが教育である。**

その長所をそれぞれの人が出し合い、その力が活用され、大きな仕事が成就するのである。

だから、他人を責めることが好きな人は教育者やリーダーには向いていない。大きな事を成していこうという人は、他人の美点を見るようにしなければならない。

91

CHIVALROUS

いつも覚悟をする

世のために事を成そうという人物は（いわゆる志士は）、正しいことをやろうとして、命を賭けて、身を捨ててかかるのである。どうしてうまく立ち回って身を守ることなど考えようか。考えるものではない。

解説

いわゆる幕末の志士の中で、吉田松陰という人は、特別な存在であった。

なぜなら、はなから命など捨ててかかっていたからだ。

当時の志士には特徴のある豪傑が多かったが、松陰のように肝の座った人はめったにいなかったようだ。

当時の豪傑中の豪傑というべき西郷隆盛も、勝海舟も、命を賭けてはいたが、暗殺は恐かったらしい。西郷は、そのために犬をたくさん飼っていたし、勝は妾を何人か囲っていたという（妾を側に置いて身を守るのは勝らしい）。

松陰はそもそも剣に興味がなかったようだし、自分が死んでも多くの弟子たちが、志を継いでくれるのがわかっていた。

事実、松陰が処刑されることによって、高杉晋作や桂小五郎の志が一致し、固まって、倒幕は師の弔いという面が生まれたというのは否定できない。

松陰ほどの覚悟まではできないかもしれないが、**覚悟を決めた人には、なかなか敵わない**のがこの世の有様である。

自分を正していこう

いたずらに憤《いきどお》るだけでは、どうにもならない。
天下国家のことは、自分が何を具体的にするかから始まるのだ。

解説

世の中の政治、経済にいちいち憤慨する人はたくさんいる。

テレビをつければ、司会者やお笑いタレント、訳知り顔のジャーナリストたちが、こうすべきだ、ああすべきだと、たくさんの〝べき論〟をおっしゃってくれる。

それはそうかもしれないが、**本当に世の中を変えていくには、具体的に動くことが必要であろう。**だから、吉田松陰は、〝草莽崛起《そうもうくっき》〟といった。

結局、国や社会は私たち一個人の集まりである。だから、このままではよくないと思うことがあったなら、自分の行いから一つずつ変えていこう、自分のできる範囲から実践していこうというのだ。

最近はインターネットの発達によって、おとなしい日本人が具体的に意見表明をするようになってきた。日本人にこそインターネットの発達はありがたかった。情報や意見の一方通行がなくなり、まさに松陰の教えが生きるよい時代となってきた。

上に立つ者に徳がなければ、人は従わない

自分自身がしっかりとした徳でもって人を導いて、
その人の徳を明らかにしていく人は、賢者であり、
必ず物事もうまくいく。
しかし、自分自身が愚かな人間で徳もなく、
人の徳も導いてやれない人はだめな人間というべきで、
必ず物事もうまくいかない。
上に立つ者であれば、このことをよくわかっていなければならない。

解説

徳がある人が上に立たないと物事がうまくいかないのは、古今東西同じである。経営学の権威だったドラッカーも、組織がうまく機能し、目的を遂行できるのは、結局リーダーの徳が決め手となることを述べている。

難しいのは、この徳というものが、目に見える点数で測りにくいことだ。今の日本でも、官僚、公務員は、東京大学の法学部の卒業者が中心となっており、その試験の点数などによって地位が決められているのがもどかしい。何かよい方法はないのかと思ってしまう。

願うのは、**地位を得た人は徳のあることを自らのテーマとして修業してほしい**ということだ。

民間であれば、トップは徳のある者をリーダーとして引き上げ、徳を磨くことを課してほしい。

徳とは人間としての理想の人格であり、他人を思い、何よりも国、地域のために尽力していける人の有様をいう。

トップは心を定め、しっかりせよ

大将たる者、心を定めてしっかりとしなければ、
どうにもうまくいかない。
もし大将の心がふらふらとしているようでは、
その下にいるリーダーたちもいくら知恵や勇気があっても、
生かされ実行されなくなる。
いくら百万の強い兵や素晴らしい人たちがいても、
何事もうまくいかなくなる。

解説

日本人にとって一番苦手なのが、大将としての資質ある者をどう育成し、その地位につけるかであるようだ。

先の大戦においては、兵隊の優秀さでは世界一、将軍は二流、大将は三流とされていた有様であった。

アメリカとの戦争も、マスコミにあおられ、アメリカ、ソ連の情報戦にやられ、先の見えない戦闘に突入させられた。名将といわれた山本五十六も、真珠湾攻撃やミッドウェー海戦で戦略を誤り、大局を見誤ってふらふらしてしまった。

日露戦争においては、吉田松陰の教えを受け継いだ児玉源太郎や乃木希典あるいは西郷隆盛の弟分たる大山巌や山本権兵衛、東郷平八郎が大将として、心を定めてしっかりとした決断で戦うことができた。

日露戦争の大将たちは、しっかりした武士道教育によってその地位についたが、前の大戦では試験の成績、学校の年次でその地位が決められることもあった。

大将はペーパー試験の点数だけで決められてはならない。決断力、大局観のある人を選ぶべきだ。

才能を生かす人を得よ

ああ、私は、世の中に才能のある人がいないことを憂うのではない。
才能ある人をうまく用いていないことを憂いているのである。
大きな視野と正しく見る目があり、
気概あふれた大きな志の人が上に立ってこそ、
才能ある多くの人が生きるのである。

解説

先に述べたように、私たち日本人の最大の課題は、上に立つ人を得ることである。

私たちは、それぞれに才能を有している。そしてチームや組織において人と協力して、大きな仕事を成し遂げるだけの力はある。

あとは、その人々の才能を生かせるリーダー、トップを出していくことが大切である。

では、どういう人がトップやリーダーにふさわしいのか、松陰の考えを見てみたい。

第一に**志の大きい人**である。

第二に**熱意が強い人**である。外には出さないが内に秘めた熱意は、狂わんばかりのものがある人だ。

第三に、**仁のある人**である。つまり他人への思いやりにあふれた人である。

第四に、**誠の人**である。「事を成すは誠にあり」とは松陰の好きな言葉である。誠実に人々を見て、誠実に目標に向かう人であれば最高である。

第五に、**私心私欲のない人、少ない人**である。

以上の五つの条件を満たす人を得たいものだ。

自分で正しい道を考えることが大事である

心ある立派な人間になろうとする者は、自分で考え自分で行動する。
すなわち自立の人とならなければならない。
人によっては価値が上がり、
また人によっては下がるというのでは恥ずかしい。
そんな人の価値判断なんか気にするものではない。

解説

自立するとは、自分で考え、自分で行動することである。他人がどう思うか、どう評価するかは気にしてはいけない。また自分の生き方、進み方に介入させてはいけない。

自立自尊は福沢諭吉の言葉として有名だが、吉田松陰も早くからいっていた。この自立自尊は個人の生き方としても、国のあり方としてもそうあるべきだと訴えた。

例えば国のあり方として次のように述べる。

「国というものは自ら存在するものである。どうして外国に頼らなければならないのか。外国に頼り、ご機嫌をうかがうなどあってはならない。外国の指導など受ける必要などあろうか。ありはしない。そういう自立した国であってこそ、外国と対等につき合えるのである」

この松陰のはっきりとした思想と行動は、当時、狂っているとしか思えないほど過激だったのだろう。しかし、正しい生き方、正しい道を貫くためには、この狂ったような真っすぐな考え方が必要である。今、結果を見るとその狂ったような行動は、尊敬すべきものであると皆が思っている。

自分の利益、自分のための欲などどうでもいい

公に背いて私に従うこと、
つまり国家、社会のためにどうすべきか、
役立つかだけが私の生き方で、
自分一身の欲のために生きるなど何度殺されてもできないことだ。

解説

武士道というのは本当にすごかったのだなあと心から思う。

吉田松陰の、ここにある言葉のようなことを本当に考え、本当に実践する人が出たからだ。今の時代に、自分の欲を考えない人がいようか。

こんな逸話を聞いたことがある。

松陰が小さいとき、おじの玉木文之進が学問を教えていると、蚊が松陰の体にとまり、松陰はそれを叩いた。すると文之進は怒り、松陰を徹底的にせっかんした。「今、お前がやったことは自分の欲のために、公に奉じるための学問をないがしろにしたのだ」というのだ。狂っている。しかし松陰は心からわびて、二度としないと誓ったという。

松陰は、その存在が公のためにしかなかった。しかし公のためといっても、国法である「外国行き禁止」などの厳格な定めも、正しくないと思えば、堂々と破る。大切なのは、自分で考え抜いた、**「本当に社会のためになる正しいこと」**であった。

このような松陰を止めることができるものはない。生命など惜しくないと考えているからだ。日本の正しさ、自分の考える正しさを突き詰めて考えて、あとはそれに突き進んでいく武士道は本当にすごい。

剛毅木訥《ごうきぼくとつ》であれ

文武両道の基本は、剛毅木訥《ごうきぼくとつ》、
つまり強い精神で飾り気のない雰囲気をよしとして、
生きていくことである。

解説

文武両道は、もともとは武士道において、学問と武術（剣道など）の両方を鍛えていこうというものである。

今の時代は「スポーツと勉強」とされているが、「精神の健全性や強さと、勉学の向上心」と言い換えてもよいのではないか。

武術を行うのは、そもそも戦いに強くなるためであったが、江戸時代になり、平和の時代が続くと、それは精神の健全性と強さを高めることに変わっていった。

具体的にいうと剛毅木訥で、**何ものにも動じない、正しいことを貫いていく姿勢を持つということである。これは同時に、向上心によって、正しいことの実現に向けてなすべきことは何かを学んでいくことと一致することになった。そしてこれも文武両道というようになった。**

例えば勝海舟も坂本龍馬も剣の修業を死ぬほどやり、達人ともなったが、二人とも刀を抜かなかった。あるいは捨てた。しかし、学問、勉強に集中することにハマり、誰にも負けない強い人となっていった。正しい道と思うところを突き進んだ。

吉田松陰は、剣は大してやったとは思えないが、剛毅木訥を地で行く人で、文武両道の人と誰もが認めたはずだ。

人それぞれの正しく思う生き方がある

何が正しく、何が正しくないかという心は人それぞれにある。
人が自分と違う考えをしているからといって、
どうして自分と同じにしようとするのか。
人はそれぞれ自分の正しく思う生き方をするべきなのだ。

解説

吉田松陰がすごいのは、これだけ熱い思いを持ち、一本道を真っすぐに進むような人が、人に対して生き方を強要していないところである。

もちろん松陰を尊敬する人たちが、行動をともにすることを拒むことはなく、一緒に手を取り合って事に当たるが、それぞれの考え方、生き方に干渉することはない。

政治上の意見は述べるが、反対する者があっても相手に真心《まごころ》があって意見を異にするのであれば、その真心《まごころ》を買う。

この、人の真心《まごころ》を信じ過ぎる嫌いがあって、それがために自分をうまく弁護できず処刑されてしまったところはある。しかし、それが日本が変わるための起爆剤となったのであれば、松陰としては本望であったのだ。

ただ、井伊直弼ら当時の幕閣のように、自分や幕府の保身に目を向け、日本をないがしろにする真心《まごころ》がない人は、決して許さなかったのだ。

松陰がいうように、**いろいろ広く学んだうえで、私たちは自分が正しいと思う生き方を堂々と突き進めばよいのである。**

第1章 志気
第2章 勇気
第3章 熱気
第4章 侠気

【著者紹介】

大杉学（おおすぎ・まなぶ）

大学卒業後、外資系企業のビジネスマンとして、国際的に活躍。そんな中で、日本人の魂の結晶ともいうべき人物である吉田松陰と出会う。その魂を揺さぶる教えに感銘を受け、『吉田松陰全集』を買い求め座右の書とする。

それ以降、仕事や人生で困難に直面した際には、『吉田松陰全集』に立ち返り、乗り越える力としている。

狂気のススメ
常識を打ち破る吉田松陰の教え

2014年11月1日　初版発行

著　者　大杉学
発行者　野村直克
発行所　総合法令出版株式会社
〒103-0001 東京都中央区日本橋小伝馬町 15-18
常和小伝馬町ビル9階
電話 03-5623-5121

印刷・製本　中央精版印刷株式会社

落丁・乱丁本はお取替えいたします。

ISBN 978-4-86280-424-2

総合法令出版ホームページ　http://www.horei.com/

総合法令出版の好評既刊

心に火をつける言葉

遠越段　［著］

四六判　上製　　　　定価（本体1500円+税）

缶コーヒー、キリンファイア、日替わりCMの名言を収録！

ソクラテス、トーマス・エジソン、マハトマ・ガンジー、ゲーテ…、百数十人におよぶ世界の偉人たちの名言集。

永く語り継がれてきた言葉の数々は、我々の心を鼓舞し、癒し、元気づけてくれる。そして、日々の仕事、生活に立ち向かっていくことができるちょっとした勇気を与えてくれる。

本書を手元に置くことによって、人生のあらゆる局面で力を与えてくれるはずである。